本书出版得到国家社科基金教育学项目（CIA150189）和中央高校基本科研业务费专项资金课题（2016YB051）的资助！特此感谢！

真理论悖论的弗完全理论研究

李慧华 著

中国社会科学出版社

图书在版编目(CIP)数据

真理论悖论的弗完全理论研究/李慧华著.—北京:中国社会科学出版社,2016.12(2019.8 重印)
ISBN 978-7-5161-9672-4

Ⅰ.①真… Ⅱ.①李… Ⅲ.①真理—研究②逻辑学—悖论—研究 Ⅳ.①B023.3②B81

中国版本图书馆 CIP 数据核字(2016)第 317160 号

出 版 人	赵剑英
责任编辑	刘 艳
责任校对	陈 晨
责任印制	戴 宽

出　　版	中国社会科学出版社
社　　址	北京鼓楼西大街甲 158 号
邮　　编	100720
网　　址	http://www.csspw.cn
发 行 部	010-84083685
门 市 部	010-84029450
经　　销	新华书店及其他书店
印　　刷	北京明恒达印务有限公司
装　　订	廊坊市广阳区广增装订厂
版　　次	2016 年 12 月第 1 版
印　　次	2019 年 8 月第 2 次印刷
开　　本	710×1000　1/16
印　　张	10.75
插　　页	2
字　　数	135 千字
定　　价	56.00 元

凡购买中国社会科学出版社图书,如有质量问题请与本社营销中心联系调换
电话:010-84083683
版权所有　侵权必究

序

很高兴看到中文哲学界和逻辑学界出版了一本选题上难度高、内容上深度够、技术上相对成熟、涉猎上较为广泛、组织上严谨而有条理、说明上清楚而又易读的一本好书。

除了时髦但也可能昙花一现的哲学议题之外，我一向认为，有两类哲学问题最值得哲学家思考，也最值得人类社会高度重视。一类是与人类整体的生活与生命息息相关的哲学问题，另一类则是高度困难而又极富智力挑战性的哲学问题。前一类的代表如分配性正义的问题，后一类的代表则如语义悖论（真理悖论）的问题。由于问题攸关重大但解答困难，这样的问题在哲学史上始终像磁石般吸引着杰出的哲学家：从柏拉图、马克思到皮克提（Piketty），人类史上总不乏深思分配性正义问题的思想家，从埃庇米尼德斯（Epimenides）、塔斯基到克里普克，人类史上也总是有着殚精熟虑苦思真理问题的研究者。这两类问题还有一个共通之处：由于长期被思想家思索，新的创见较为困难而极需天分；即便研究者退而求其次只求深入理解，不求创见，这样的研究也常会因为文献量过于庞大，而使得研究者即便皓首也未必能够穷经，终生劳累而收获不多。此外，当代研究真理悖论的学者还面临一个高度困难的技术问题：由于当代逻辑学与真理悖论的高度结合，研究者往往需要耗费极大的精力去克服阅读时所可能碰到的技术障碍。简单地说，这两个领域的哲学问题虽然重要，但没有三两三的学者最好还是望山止步为妙。

李慧华是我多年来与大陆哲学界及逻辑学界交往的经历中，少数几位我认为十分优秀的年轻学者之一。她勇于挑战困难的哲学问题、复杂的逻辑技术与庞大的中西文献，具有优秀学者必备的刻苦精神、分析能力与绝佳的耐性。当她在2010年6月第一次寄电子邮件给我，毛遂自荐地希望我能在语义悖论这个问题上对她多加指导时，我当时便想劝这位从未谋面过的年轻女哲学家放弃这个折磨人的念头，改做些轻松的研究。但时间证明，我当时是错的。从2010年起，她坚持不懈地研究这个题目，并在接下来的两年内成功发表数篇论文，顺利获得博士学位。而我更没想到的是，就算在教学与研究难以密切结合的工作条件下，她仍然坚定而持续地关注着这个折磨人的问题。6年过后，我很高兴她的相关研究有了更丰硕的成果，不仅视野更广，见识更深，对哲学家理论的分析与批评也更有见地，往往一针见血。

这本书讨论的是1975年之后西方真理悖论上的一个主要发展——弗完备理论，但也兼论了弗协调理论。虽然这并两者未能囊括当代所有的真理悖论理论，但它们无疑是当代最重要的两种理论，而书后的附录也多少弥补了这点不足。作者用心地介绍和点评了这两个当代悖论研究上的重要理论，无疑是希望后来的中文学界学者能在这样的成果上继续做出更有创造性的研究。用心的作品需要用心的阅读，我相信用心的读者会在阅读的过程中获得极大的收获。

阳明大学心智哲学研究所教授兼所长王文方谨序于台北

2016年11月

前　　言

真理论悖论是指与语句真假直接相关的语义悖论。诸如说谎者这样的"断定自身为假"的真理论悖论语句在经典逻辑和经典真理论[1]之间引起了众所周知的矛盾。令 A 是这样的一个语句，语句 A 和 $\neg T\langle A\rangle$ 可以通过合乎逻辑的推理建立等值关系。其中，$\langle A\rangle$ 是 A 的名称，T 是真谓词。再据真的素朴假设（即 Tarski-等值式 $T\langle A\rangle \leftrightarrow A$）能够导致如下结果：

$$T\langle A\rangle \leftrightarrow \neg T\langle A\rangle \tag{1}$$

显然，这在经典逻辑中是不一致的。为了解决这个问题，一个显而易见的做法是质疑导致（1）产生的"素朴假设"。在经典逻辑框架内，Tarski 用"不可定义性定理"证明了丰富到足以包含初等算术的二值语言不能一致地包含"一个符合该素朴假设"的真谓词，由此提出了著名的语言层级理论。由于对真谓词分层的观点不自然、不合乎直观，随后，修正 Tarski 经典真理论——即公理化真理论的探讨广为流行。但这种需要弱化经典真理论的方法看起来并不具有吸引力：它们不仅没有把握一般的真概念，

---

[1] 即符合下文所说的"素朴假设"的真理论。

同时也没有提供一个令人满意的替代性概念。替代性概念要求我们要么被迫拒斥所断定的句子的真，要么被迫拒斥所使用的推理规则的保真性。

这意味着最好的做法是保持经典真理论，弱化经典逻辑。弗完全理论正是满足这种要求的一种理论。它在经典真理论的基础上，限制排中律的使用，弱化经典逻辑，采用非经典的三值语言来处理真理论悖论，最终使得形式语言能够一致地包含"一个符合素朴假设"的真谓词。书中我们讨论了弗完全理论的两种基本形式——基础的弗完全理论和高级的弗完全理论。

基础的弗完全理论引入了"真值空缺"的思想，认为句子除了真假之外还有"既不真也不假"的第三值，像说谎者这样的真理论悖论语句就落在真假之空缺中，该理论通过对不动点定理的归纳构造过程证明了形式语言中真谓词的存在。基础的弗完全理论有个很好的特征：相互替代性原则是成立的，即对于语言中的任何句子A，$T\langle A\rangle$和A随处可以相互替换而不会改变任何语句的真假值。然而它的不足之处在于缺少一个良好的条件句，不能明确地表达Tarski-等值式。因为它所包含的唯一的条件句是实质蕴涵条件句（可以用¬和∨定义），因此，同一律只是排中律的一个变形，不是普遍有效的原则；很多其他的自然的语架，如$A\supset(A\vee B)$或$A\supset B\supset(\neg B\supset\neg A)$等也不是普遍有效的语架。由于同一律$A\supset A$等经典的逻辑原则不成立，因此，不仅Tarski-等值式不普遍有效，而且我们处于一种对于良好的推理来说过弱的逻辑中。

一个自然的想法就是扩充基础的弗完全理论，在系统中增加一个良好的条件句联结词"→"（它不同于实质蕴涵条件句联结词⊃，但在排中律对前件和后件都成立的语境中，前者可以归约为后者），由此得到了高级的弗完全理论，该理论借助于确定性算子，定义了一个"更强的真"（不再是一般的真谓词，而是带有确定性算子的真），发展出了既满足真的素朴模式又具有不动点解释的、一致的真理论。在扩充了的理论中，新条件句使得同一律是有效的，相应地，Tarski-等值式也是有效的，相互替代性原则仍被一致地保持着。此外，新条件句还遵从很多我们所希望的逻辑规则，如分离律、置换律等；但为避免Curry悖论的产生，另外一些规则，如移入规则（A→(B→C) ⊢A∧B→C）和收缩规则（A→(A→B)⊢A→B）等是不成立的。

高级的弗完全理论符合前述真谓词的"素朴假设"，避免了困扰经典真理论和弱经典真理论的那些主要问题，这就给出了一个可以弱化经典逻辑的强的例证。

第一章导论部分介绍了真、真理论悖论和说谎者家族及其相互关系，对从Tarski到Field的弗完全理论解悖方案做了论述，并说明了本书的框架结构和研究方法。

第二章首先分析了真理论悖论的成因，指出真理论悖论共有的一些推理特性和构成因素，像真谓词的作用、控制真的规则以及我们从已有的资源导出矛盾所诉诸的方法等。接着探讨了基于经典逻辑的真理论悖论的解决方案。

第三章和第四章探讨了拒斥排中律、以非经典的三值逻辑为基础的真理论悖论的弗完全理论，包括基础的弗完全理论和高级的弗完全理论，着重讨论了高级弗完全理论中新增加的条件句所具有的特性。

为了对真理论悖论的弗完全理论有更深入的理解，在第五章我们把它与目前国际上最具竞争力的另一个真理论悖论的解决方案——弗一致的双面论做了比较研究，并论证了它们在哲学及形式系统上的优缺点。

无论是经典的解决方案还是非经典的解决方案，我们在关注其形式系统和理论本身之外，最终的落脚点都是它们如何解决像说谎者这样的真理论悖论。

第六章是全书的总结，我们对真理论悖论的方案做了进一步的分析，并提出了未来研究的方向。

本书是在我博士学位论文的基础上修改、完善而成的。感谢我的博士生导师陈慕泽教授在论文写作期间给予的悉心指导。感谢中国人民大学刘晓力教授、余俊伟教授、裘江杰博士和华南师范大学的熊明教授提出的修改建议。当初博士学位论文选题之际，北京大学陈波教授译介的国际前沿论文《逻辑、规范性与合乎理性的可修正性——Field 在牛津大学做约翰·洛克讲演》（《哲学研究》，2008年第6期）给我提供了选题的思路和方向，在我面前打开了一扇探索悖论研究最新成果的窗口，并由此进一步阅读了 Field、Beall 等的系列文献。在此一并表示感谢！

本书和相关论文的完成，我还要特别感谢国际知名学者、台湾阳明大学的王文方教授。2011 年 6 月，王老师受聘为中国人民大学（笔者博士就读院校）哲学院客座教授，并进行了以"真理论"为主题的系列演讲，让我受益良多。出版前，王老师不辞劳苦审阅了全书书稿，指出了存在的错误，提出了有价值的修改建议，在百忙之中，欣然为本书作序。由于真理论的修正理论在本书未展开论述，在征得王老师和出版社同意后，把王老师所撰写的《古朴塔及贝尔那普的真理修正理论述评》一文附在书后，供读者参阅。

感谢中国社会科学出版社的刘艳编辑认真、细致的工作。由于书中逻辑符号较多，写作时使用了北京大学逻辑、语言与认知研究中心周北海教授制作的逻辑专业符号库进行编辑，可到了出版社编排系统里显示出的却是乱码。出版社从编排系统里尽可能地找到"形似"的符号代替，做了大量繁琐的工作，付出了辛苦的劳动。特此感谢。

由于本书牵涉到的背景知识较为深广，不仅包括现代逻辑的一些相关理论，也包括集合论、逻辑哲学、语言学等方面的知识，因此，这是一个颇具挑战性的问题。因笔者能力和水平有限，书中一定还存在很多不尽人如意之处，恳请读者批评指正！

李慧华

2016 年 11 月

目　　录

第一章　导论 ………………………………………………（1）
　　第一节　真、真理论悖论与说谎者家族 ………………（1）
　　第二节　弗完全的解悖方案——从 Tarski 到 Field ………（7）
　　第三节　框架结构与研究方法 …………………………（14）

第二章　真理论悖论的成因与基于经典逻辑的探讨 …………（18）
　　第一节　真理论悖论的成因分析 ………………………（19）
　　第二节　Tarski-定理与带 T 谓词的形式系统 …………（23）
　　第三节　语言层级理论 …………………………………（29）
　　第四节　结论与问题 ……………………………………（32）

第三章　基础的弗完全理论 …………………………………（38）
　　第一节　真值空缺模式与有根性 ………………………（38）
　　第二节　强克林不动点理论 ……………………………（41）
　　第三节　不动点存在性的归纳构造过程 ………………（45）
　　第四节　结论与问题 ……………………………………（49）

第四章　高级的弗完全理论 …………………………………（53）
　　第一节　理论的产生与发展 ……………………………（53）

1

第二节　带良好条件句的形式系统 ……………………（59）
  第三节　良好的条件句和 Curry 悖论 ………………（75）
  第四节　结论与问题……………………………………（85）

第五章　弗完全理论与弗一致双面论的比较研究 ………（88）
  第一节　弗一致的双面论 ………………………………（88）
  第二节　弗完全理论与弗一致双面论的比较 …………（98）

第六章　结语 ………………………………………………（103）

附录　古朴塔及贝尔那普的真理修正理论述评 …………（108）

参考文献 …………………………………………………（152）

第一章　导论

第一节首先介绍了真、真理论悖论与说谎者家族及其相互关系，然后讨论了一些有代表性的真理论悖论；第二节对真理论悖论的研究现状进行了分析，着重说明了基于经典逻辑的解决方案、弱化经典逻辑的弗完全解决方案（拒斥排中律）和弱化经典逻辑的弗一致解决方案（接受某些矛盾为真），并对弗完全解决方案的两种基本形式——基础的弗完全方案和高级的弗完全方案进行了非形式化的表述；第三节则阐明了本书的框架结构和研究方法。

第一节　真、真理论悖论与说谎者家族

什么是"真"？"这个问题可以看作是最典型的哲学难题之一。"[①] 虽然真概念我们经常并且毫无疑问地使用，可是一旦被问到"什么是真"时，就会让我们为难和疑惑，"我们感到我们的确知道答案是什么，只是不能把它说出来"[②]。正如 Augustine 谈论时间时所说："我完全知道时间是什么，只要没有人问我；如果我被问起这个问题并且试图解释它时，我就会感到困惑。"[③] R. Kirkham

---

[①] 参见 [Rea98]，p.6。
[②] 参见 [Rea98]，p.6。
[③] 参见 [Rea98]，p.7。

1992年的《真的各种理论》［Kir92］整本书都在讨论真概念。到底什么是真，如何界定，一直有很多争议。尽管众说纷纭，但大多数学者同意，不论如何理解该概念，任何可接受的真之定义都应该蕴涵Tarski-等值式的所有实例。该等值式是Tarski 1944年在《真之语义学概念与语义学基础》一书中，基于Aristotle关于真的古典的论述"说非者为是，或是者为非，即为假；说是者为是，或非者为非，即为真"而提出来的：

$$X 是真的，当且仅当 A。 \qquad (T)$$

这就是所谓的Tarski-等值式或称T-模式，其中，A可由语词"真"所谈论的语言中的任何语句来代替，而X则由相应的语句的"名称"来代替。为简明起见，人们常常把Tarski-等值式写作：

$$\langle A \rangle 是真的，当且仅当 A$$

Tarski曾指出："我们将称一个关于真的定义为'良好的'，如果所有这些等值式都是从它可推导出来的。"

"虽然Tarski-等值式本身不是一个对真的定义，但却提供了给出这样定义的明显方法"[1]，给出了定义真的"实质恰当性条件"。

真与悖论是一对密不可分的概念，Tarski提出定义真的"实质恰当性条件"，其主要的动机"就是为了避免悖论"[2]。

"悖论"（paradox）一词源于希腊文"para"和"doxa"，意思是"令人难以置信"。所谓悖论，一般的看法是从无懈可击的前提

---

[1] 参见［Haa78］，p. 104。
[2] 参见［Haa78］，p. 135。

出发，通过高度合理的推理，却推出逻辑矛盾的现象。[1] 它至少包括两大类：一类是集合论悖论，另一类是语义悖论，前者不涉及语义概念，其本质包含元素、类或集合、属于和不属于、基数和序数等数学概念，能用符号逻辑体系的语言表述；后者的产生与一些语义概念如真、假、意义、命名、指称、定义、断定等相关。[2] 罗素悖论、康托尔悖论及布拉里-福尔蒂悖论等可被归为集合论悖论；说谎者悖论、贝里悖论、格雷林悖论等属于语义悖论。

我们把语义悖论中与语句真假直接相关的悖论称为真理论悖论（truth-theoretical paradox）[3]，这一术语是由 Beall 于 2006 年在《真和悖论：从哲学的角度看》一文中首次提出来的。像说谎者悖论、Curry 悖论等都属于真理论悖论。如何解决真理论悖论是本书所关注的主要问题。最典型、最古老的真理论悖论是说谎者语句，经典的说谎者语句是如下的自指句子：

(λ)：(λ) 是假的。

当考虑语句（λ）真假时，会陷入两难之境。如果（λ）是真的，那么句子"（λ）是假的"就是真的，因此，（λ）是假的；另一方面，如果（λ）是假的，那么这句话"（λ）是假的"又必须被断定为是假的，因为（λ）就是句子"（λ）是假的"，因此，（λ）是真的。这说明（λ）真蕴涵着（λ）假，（λ）假又蕴涵着（λ）真。在经典逻辑中，每个句子或者是真的或者是假的，因此，

---

[1] 参见 [Haa78]，p.139。

[2] 1925 年，Ramsey 在一篇题为《数学基础》的论文中把悖论分为逻辑悖论和认识论悖论两类。参见 [Ram25]。后来人们称逻辑悖论和认识论悖论分别为集合论悖论和语义悖论。Haack 认为这种区分可追溯到皮亚诺，经由兰姆赛提倡后，才被人们广泛接受。参见 [Haa78]，pp.137–138。

[3] 参见 [Bea07]，pp.325–410。

据经典逻辑，必定得出（λ）或者是真的或者是假的。无论（λ）的取值是真还是假，通过上述推理，都可得出它既是真的又是假的。显然矛盾！其形式化的推理过程如下：

(1) （λ）是真的，当且仅当（λ）不是真的　　　　　　前提
(2) 或者（λ）是真的，或者（λ）不是真的　　　　　　排中律
(3) （λ）是真的　　　　　　　　　　　　　　　　　　假设
(4) （λ）不是真的　　　　　　　　　　　(1) 和 (3) 等值替换
(5) （λ）是真的并且（λ）不是真的　　　　(3) 和 (4) 合取
(6) （λ）不是真的　　　　　　　　　　　　　　　　　假设
(7) （λ）是真的　　　　　　　　　　　　(1) 和 (6) 等值替换
(8) （λ）是真的并且（λ）不是真的　　　　(6) 和 (7) 合取
(9) （λ）是真的并且（λ）不是真的
　　　　　　　　　　　　　　(2)(3)(5)(6)(8) 消去假设

说谎者悖论早在公元前6世纪就已经被发现了，据说有一个叫 Epimenides 的克里特岛人说："所有的克里特岛人都说谎。"如果他说的是真的，那么可以推出这句话为假，但从它假不能推出它真。所以，这个悖论不像说谎者悖论那样完整，还不是真正的悖论。① 到了公元前4世纪，一位麦加拉学派的逻辑学家 Eubulides 把它改述为"我正在说的这句话是假话"，由此就得到了我们今天严格意义上的说谎者悖论。两千多年来，说谎者悖论一直是逻辑学家、哲学家关注和研究的对象。早在古希腊古罗马时期，Aristotle 和 Cicero 就在其著作中提到过；它也是中世纪逻辑学家 Buridan 等广泛讨论的主题；在近代，对这一问题的研究已经成了现代数理逻辑发展

---

① 参见 [And70]，pp. 1 - 11。

不可分割的组成部分，也是目前国际学术领域研究的热点之一。

说谎者悖论有各种各样的变形，如今已俨然形成了一个庞大的悖论家族。事实上，"说谎者悖论"这一名称不仅仅是命名说谎者语句的，同时，也是命名与这一语句类型相关的悖论家族的。这个悖论家族之所以以其中的一个悖论命名，因为它们都类似于说谎者语句并都导致了不一致的结论。除了上面提到的说谎者语句外，这个家族中有代表性的还有以下几类：

说谎者循环悖论：

(λ_1)：下一句话是真的；
(λ_2)：上一句话是假的。

无论从这两个语句中的哪一个语句出发，都会得到悖论性的结果：假设该语句为真，总能得到它假；假设它假，又能推出它真。

Yablo 序列悖论[①]：

根据这个悖论，我们的语言当中似乎至少包含了和自然数一样多个下面这样的语句：

A_1：A_2 以及 A_2 以下的语句都不是真的。
A_2：A_3 以及 A_3 以下的语句都不是真的。
A_3：A_4 以及 A_4 以下的语句都不是真的。
A_4：A_5 以及 A_5 以下……
……

---

① 又称无限序列悖论，参见 [Yab93b]。Yablo 论证说像这样的复杂的、由多个语句组成的悖论，可以不依赖循环而导致矛盾。

显然，这些语句当中没有一个直接或间接地指涉它自身。现在，假设 A_1 为真。由于 A_1 就是"A_2 以及 A_2 以下的语句都不是真的"这个语句，因而，我们等于是在假设"A_2 以及 A_2 以下的语句都不是真的"为真。而根据 Tarski-等值式，我们可以推论说：A_2 以及 A_2 以下的语句都不是真的。而这蕴涵说：A_2 不是真的；同时它也蕴涵：A_3 以及 A_3 以下的语句都不是真的。但 A_3 以及 A_3 以下的语句都不是真的这件事，正是 A_2 所断定的。因此，A_2 为真。但如此一来，A_2 既为真又不为真。由于我们的假设导致了这一个矛盾的结果，因此，该假设不可能是真的。因此，A_1 不为真。因而，A_2 以下至少有一个语句为真。假设这个语句为 A_i。所以，A_i 为真。但 A_i 说的是：A_{i+1} 以及 A_{i+1} 以下的语句都不是真的。而这蕴涵说：A_{i+1} 不是真的；同时它也蕴涵说：A_{i+2} 以及 A_{i+2} 以下的语句都不是真的。但 A_{i+2} 以及 A_{i+2} 以下的语句都不是真的这件事，正是 A_{i+1} 所断说的。因此，A_{i+1} 为真。但如此一来，A_{i+1} 既为真又不为真；而这是一个矛盾的结果。①

强化的说谎者悖论②：

(λ)：或者 (λ) 既不真又不假，或者 (λ) 是假的。

如果 (λ) 或者是真的或者是假的，那么它都可归结为说谎者语句而成为悖论性的；如果 (λ) 既不真又不假，这意味着它是真的，因为它的第一个析取支是真的。无论哪一种情况，都得出了荒谬的结论。

对于任何把悖论性语句的值归为既不真又不假的理论来说，强

---

① 参见 [Wang08]。

② Van Fraassen 在 [vF68] 中首次引入了这个术语，它在 [Par74] 和 [Bur79] 的语境理论中发挥了重要作用。Parsons 和 Burge 借助于它去反对真值空缺理论，并且赋予下述概念以合理性：强化的说谎者语句在某种意义上不是真的。

化的说谎者悖论都提出了一个严重的问题。

Curry 悖论[①]:

Curry 悖论有多个版本,本书我们所讨论的是它的标准版本,也可称之为真理论版本。[②] 非形式地说,Curry 悖论的标准版本就是它是一个断定自身的条件句,如果它自身是真的,那么一切都是真的。[③]

(1) "k" 为真,当且仅当 k Tarski-等值式
(2) $k =$ "如果 k 为真,那么 $\bot$" k 的构造
(3) k 为真   假设
(4) "如果 k 为真,那么 $\bot$" 为真   (2) 和 (3) 等值替换
(5) 如果 k 为真,那么 $\bot$ (1) 和 (4) 等值替换
(6) $\bot$ (3) 和 (5) 分离律
(7) 如果 k 为真,那么 $\bot$ (3) 和 (6) 消去假设
(8) "如果 k 为真,那么 $\bot$" 为真   (1) 和 (7) 等值替换
(9) k 为真   (2) 和 (8) 等值替换
(10) $\bot$ (7) 和 (9) 分离律

如果说说谎者悖论的产生与否定直接相关,可是,即便在不含否定的语言中,也会产生 Curry 悖论。

第二节 弗完全的解悖方案——从 Tarski 到 Field

自从公元前 4 世纪一位麦加拉学派的逻辑学家 Eubulides 提出说

[①] 该悖论是 Haskell B. Curry 在 1942 年提出来的,这一名称正是用它的发现者的名字命名的,它是自指悖论的一种。参见 [Cur42]。
[②] Curry 悖论最基本的版本有两个,真理论版本是其中一个,另一个是集合论版本。参见 [BM10], pp. 1-2。
[③] 参见 [BG10] 第一版, p. 19。

谎者悖论以来，无数代逻辑学家、哲学家为此殚精竭虑，一直在试图理解真概念令人迷惑的特性。

我们知道，逻辑学是一门研究推理的学问，对于演绎推理来说，从真的前提出发，经过合乎逻辑的推理，必然能够得出真的结论。而悖论，从表面上可接受的前提通过经典有效的逻辑推理却得出了一个不可接受的结论。从逻辑上说，悖论的产生有且只有三种可能的情况：或者前提不为真，或者推理过程不具有有效性，或者结论不为真。相应地，我们有三种不同的方法来避免悖论的产生：否认表面上可接受的前提，否认结论可以从前提中推出，或接受表面上不可接受的结论。从这三种情况出发，常用的解决方案有：以Tarski为代表的层级理论、Friedman 和 Sheard 所提出以限制Tarski-等值式为主要手段的公理化理论、以 Kripke 和 Field 为代表的弗完全理论、以 Herzberger 和 Gupta 为代表的修正理论、以 Priest 和 Beall 为代表的弗一致双面论、以 Barwise 为代表的情境理论等。近期，Field 根据解决真理论悖论所基于的背景逻辑，提出了一种分类方案的方式——大致说来，有基于经典逻辑的解决方案、弱化经典逻辑的弗完全解决方案（拒斥排中律）和弱化经典逻辑的弗一致解决方案（接受某些矛盾为真）。①

在经典逻辑框架内，Tarski 提出了著名的语言层级理论[Tar36]，用"不可定义性定理"证明了足够丰富的二值语言不能一致地包含完全符合 Tarski-等值式的真谓词，建议采用语言和真谓词分层的做法。由于对真谓词分层这样的观点不自然、不合乎我们的直观，随后，修正 Tarski 经典真理论的探讨广为流行，如 Friedman 和 Sheard 所提出以限制 Tarski-等值式为主要手段的公理化

---

① 这种分类方式打破了以往根据空缺理论、修正理论、情境理论和双面论等进行的传统的分类方式，但是受其启发而产生的，并越来越被人们广泛接受。参见 [Sch10]，p.2。

理论［FS87］。但是这种需要弱化经典真理论的方法看起来并不具有吸引力：它们不仅没有把握一般的真概念，同时也没有提供一个令人满意的替代性概念，替代性概念要求我们要么被迫拒斥所断定的句子的真，要么被迫拒斥所使用的推理规则的保真性。

这意味着最好的做法是保持经典真理论，弱化经典逻辑。所谓弱化经典逻辑是指将一个原来为二值的、经典逻辑的语言加入一些额外的谓词，将之扩充为一个整体而言非二值的、非经典逻辑的语言，这样的语言逻辑上较经典逻辑为弱，但能够表达我们所希望表达的语义概念，如真谓词这个语义概念。如果能达到这一要求，像说谎者这样的真理论悖论语句的特征就能够在这样扩充的语言中被揭示出来了。所以，如果我们想要宣称说谎者语句既不真也不假，那么，弱化后的理论要求：它不仅要能够表达它自身的真概念，而且能够表达说谎者语句自身既不真也不假的想法。同时，这个理论最好不会陷入著名的强化的说谎者悖论之中。

这也是目前国际学术界关于这一问题研究的主流方案的出发点。弗完全逻辑解决方案和弗一致解决方案都是以此为出发点而形成的。弗完全方案（paracomplete approach）是以 Kripke［Kri75］和 Field［Fie02，03c，08］为代表；弗一致方案（paraconsistent approach）是以 Priest［Pri97，06］和 Beall［Bea09］为代表。弗完全方案为避免悖论产生，主张限制经典逻辑中的排中律，采用非经典的三值语言来处理真理论悖论，最终使得形式语言能够一致地包含自身的真谓词。Kripke 给出了基础的弗完全理论，把悖论性语句看成缺乏真假可言的语句，并因而提出真值空缺的观点，认为句子除了真假之外还有"既不真也不假"的第三值，说谎者语句就落在真假之空缺中，他借助于对不动点的归纳构造过程证明了形式语言自身真谓词的存在性。Field 在 Kripke 理论的基础上引入了一个良好的条件句，定义了一个"更强的真"，发展出了既满足真的相互替代性原则又满足 Tarski-等值式、具有不动点（fixed pointing）解释的、一致的高级弗完全理论 [Fie08b]。而弗一致方法将悖论性语句归为既真又假的语句，主张有些矛盾为真，并因而提出弗一致逻辑的双面真理论：虽然说谎者语句的存在会导致某些矛盾的语句为真（这在弗一致的双面真理论者看来是合理的），但这不会进一步蕴涵"每一个语句都为真"这一平庸的结论。本书主要探讨的是以 Kripke 和 Field 为代表的弗完全理论（paracomplete theory）。

真理论悖论的弗完全理论研究，不仅是一个前沿性的课题，也是当今国际学术界广泛研究的一个热点问题。

"真理论悖论"是由美国当代学者 Beall 于 2006 年提出来的一个新概念，而高级弗完全理论则是由美国知名哲学家、逻辑学家 Field 最近几年发展的一个新理论，并于 2008 年在世界著名的哲学讲座系列——牛津大学的 Locke 讲堂报告过其中的一部分内容。同一年，Field 出版了关于这一问题研究的长达 400 来页的专著《从悖论中拯救真》，这是一部划时代的著作，出版后引起了很大的反响，仅书评就有数篇,[1] 足见它在国际学术界产生的影响及受关注程度。

"弗完全"一词是从英文"paracomplete"翻译而来的，本意是超越完全的、在完全之外的（beyond completeness）[2]，其中，"paracomplete"中的"para"来自希腊语"beyond"（或者，"beside"，超越的、在……之外的）——因语词中涉及相关的术语"complete"（完全的），因而被称为弗完全的。[3] 最先使用该术语的是 Varzi A.,

---

[1] 如 [Sch10]、[Rea10]、[Can10]、[Rip10]、[Pri10]、[Res10]、[McG10] 等。

[2] Beall 使用这个词来指称 Kripke [Kri75] 和 Field [Fie08b] 的理论，其用意在于，他认为经典逻辑中的真假两个值并"没有完全地"被所有的语句分割，因为在这些理论中，有些语句要被赋予既不为真也不为假的第三值，即排中律是不成立的。这里，我们要注意把它区别于逻辑系统或理论的"不完全性"，对于一个弗完全（paracomplete）的理论来说，我们可以在元语言中证明该理论的"完全性"，例如，Kripke 的强克林不动点逻辑虽然是一个弗完全的理论，但是是具有经典完全性的。参见 [Bea07]、[Bea09]。

[3] 参见 [Bea07], p. 329；[Bea09], p. 67。

他1999年在《普遍语义学的一篇短文》［Var99］中使用过，但我们是在更宽泛的意义上使用的。Beall首次把以Kripke和Field为代表的通过拒斥排中律来解决真理论悖论的理论称为弗完全理论。①我们使用的与"弗完全"相关的术语"空缺"一词（"gaps"）是［Fin75］引进的。据［McG91］和［Soa99］，弗完全理论常常被称为"偏序理论"或"偏序谓词理论"。

最早使用这一非经典的研究方法来解决说谎者悖论的是 van Fraassen［vF68，vF70］；而Kripke在《真理论纲要》［Kri75］一文中所提出的强克林（strong kleene）不动点理论是影响最大、最具代表性的基础弗完全方案，这篇文章不仅基于非经典逻辑处理说谎者，也涵盖多种处理方式。2008年，Field在《从悖论中拯救真》这一著作中则提出了更高级的弗完全处理方法。②接下来，我们对以Kripke的强克林不动点理论为代表的基础的弗完全理论和以Field的良好条件句理论为代表的高级的弗完全理论做一简要综述。

1975年，Kripke发表了《真理论纲要》一文，这是继Tarski《形式语言中的真概念》［Tar36］之后的40年间，影响最大的一篇论文，引起了真理论研究的又一次高潮，以至于"20世纪80年代中以后的几乎任何一本哲学逻辑杂志的任何一期都会刊载这一方面的文章"③，而这些文章中的绝大多数都"普遍地引用了这篇文章"作为写作兴趣之源。在这篇重要论文中，Kripke希望建立一种新理论，不但能够把握关于真概念的一些重要直觉，而且还要进入到"一个形式结构和数学性质上都足够丰富的领域"，"至少丰富到既

---

① 参见［Bea07］，p. 329；［Bea09］，p. 67。
② Field明确表明自身的理论之所以被称为弗完全的要归功于Beall。参见［Fie08b］，p. 11。
③ 参见［She94］，p. 1032。

足以表达（直接或经由算术化）其自身基本句法，又含有它自身真谓词的语言，并能给予该语言严格的语义公式化"［Kri75］。Kripke借助现代逻辑的形式技术最终证明了要能够一致性地谈论某个语言中的语句是否为真，我们并非总是需要使用一个较为丰富的或较高阶层的元语言不可；有许多三值或多值的语言本身便可以包含自身的真谓词，给这样一个多值的丰富语言提供一个一致性的真定义仍然是可能的，悖论因此得以避免。因 Kripke 所使用的是强克林三值模式来定义形式语言中的真谓词，并通过对不动点存在性的证明来表明该语言可以包含自身的真谓词，所以，Kripke 的理论又被称为强克林不动点理论。

Kripke 的理论有个很好的特征，即语言能够包含自身的真谓词，使得对于任何句子 A，$T\langle A\rangle$ 和 A 随处可以相互替换而不会改变任何语句的真假值。但不足之处在于它缺少一个良好的条件句，以使得同一律（$\models A\supset A$）和分离律（$A, A\supset B\models B$）成立，因为它所包含的唯一的条件句可以以通常的方式用否定（¬）和析取（∨）来定义，因此，$A\supset A$ 只是排中律的一个变形，不是一个普遍的原则。我们也没有 Tarski-等值式（$T\langle A\rangle \leftrightarrow A$）的任一部分。很多其他自然的原则，像 $A\supset(A\vee B)$、$(A\supset B)\supset(\neg B\supset\neg A)$ 等也不是普遍有效的原则。①

Field 认为 Kripke 的工作为真理论悖论的研究开辟了一个很好的方向，他以 Kripke 的强克林不动点理论为基础，引入一个良好的条件句，定义了一个"更强的真"，然后证明这样的语言不仅仍然会有一个不动点解释，而且同时满足素朴的真理论。而素朴的真理论至少由两方面构成：首先，Tarski-等值式（$T\langle A\rangle\leftrightarrow A$）成立；

---

① 参见［Fie03a］，pp. 1-2。

其次，$T\langle A\rangle$和A在任何非隐晦的语境中都可以相互替代。[①] 因 Field 的这一工作比 Kripke 的理论更进一步，所以我们称之为高级的弗完全理论。[②] Field 的包含一个良好条件句的高级弗完全理论可以说是自 Kripke [Kri75] 之后近 40 年来解决真理论悖论的最重要的一个方案。和 Kripke 的强克林不动点理论一样，它不仅有着精确的形式技术上的处理，而且有着深刻的哲学分析。它的提出是作者在充分考察其他竞争性方案的基础上独具匠心的创新，其所考察的理论包括 Tarski 的理论、Kripke 的理论、Lukasiewicz 的理论、经典空缺理论、超赋值理论、修正理论、情境理论和弗一致的双面真理论等。可以说，形式语义领域有影响的工作，至少与 Field 观点密切相关的工作，他都给出了系统、详细的比较，并在大量议题上说明了该理论的优越性[③]。

相比于 Kripke 的基础的弗完全理论，Field 的理论具有以下几个特征：

首先，它基于非常自然的语义；

其次，对于语言中任意的 A 来说，不仅 A 和 $T\langle A\rangle$ 可以合乎逻辑地相互替代而不会改变任何语句的真假值，并且 Tarski-等值式 $T\langle A\rangle\leftrightarrow A$ 是有效的；

最后，该理论的一个重要方面是它有一个良好的条件句，虽然和经典的实质条件句不同，但在排中律对语句成立的语境中，它和实质条件句具有同样的行为模式。[④]

[①] 参见 [Fie04b]，p. 5。
[②] 这一理论的形成主要源于 Field 自 2002 年以来发表的一系列关于真理论悖论的论文和著作，如 [Fie02]、[Fie03a]、[Fie03b]、[Fie03c]、[Fie04]、[Fie06] 及 2008 年出版的专著《从悖论中拯救真》[Fie08b] 等。
[③] 该书的开头部分集中论述和分析了 Tarski 的真理论、Kripke 的基础弗完全理论等，最后一部分论述和比较了弗一致双面论。参见 [Fie08b]，pp. 23 – 116, pp. 361 – 392。
[④] 参见 [Fie03b]，p. 272。

以上这几个特征保证了该理论能够一致地包含自身的真谓词，不再被悖论的报复问题纠缠。当然，这些特征成立的前提是拒斥排中律。①

总之，真与悖论的研究是一个亘古常新的问题。回顾历史，Tarski 的语言层级理论产生了广泛而深刻的影响，Kripke 的强克林不动点理论在相当一段时间内一直是研究的热点问题；眼观当下，Field 新近提出的高级弗完全理论又掀起了新一轮的研究热潮。可以说，高级的弗完全理论是继 Tarski 和 Kripke 之后最为重要、最有价值的关于真与悖论的理论，为真理论悖论的解决提供了一个既合乎直观又强有力的新方案，把对该问题的研究向前大大推进了一步。

第三节　框架结构与研究方法

本书主要围绕如何解决真理论悖论这一问题，以是否满足 Tarski-等值式这一控制真的根本性原则为参照标准，着重分析和讨论了以说谎者悖论和 Curry 悖论为代表的真理论悖论的弗完全理论，特别是带有良好条件句的高级弗完全理论，并尝试解释了其背后的基本思想。本书对自 Tarski 1936 年以来主要的解决真理论悖论的思想发展线索进行了梳理，依据最新的原始文献对 Field 解决真理论悖论的弗完全理论做了详细阐述和具体分析，在此基础上，把弗完全理论与当今国际学术界最具竞争力的另一方案——弗一致双面论做了比较研究，论证了它们在哲学及形式系统上的优缺点。最终明确了弗完全理论在众多真理论悖论解决方案中的优势：在直观上具有可接受性，在理论内容上具有广泛的适用性和较强的解释力，在

---

① 参见 [Pri10]，p. 112。

第一章 导论

逻辑系统上具有一致性。

具体来说，本书共分以下六大部分内容。

第一章是导论，介绍了真、真理论悖论和说谎者家族及其相互关系，对真理论悖论的弗完全理论的研究现状做了论述，并说明了本书的框架结构和研究方法。

第二章首先分析了真理论悖论的成因，指出了真理论悖论共有的一些推理特性和构成因素，像真谓词的作用、控制真的规则以及我们从已有的资源导出矛盾所诉诸的方法等都是导致它产生的基本因素。接着探讨了基于经典逻辑的真理论悖论的解决方案——Tarski 的语言层级理论。我们之所以对基于经典逻辑的解决方案做一番探讨，一方面诉诸经典方法的显然性，另一方面经典的方案是我们后面讨论的弗完全方案和弗一致方案的理论基础。

第三章和第四章探讨了拒斥排中律、以非经典的三值逻辑为基础的真理论悖论的弗完全理论——包括基础的弗完全理论和高级的弗完全理论。前者以 Kripke 的强克林不动点理论为代表，后者以 Field 的良好条件句理论为代表。由于基础的弗完全理论缺乏一个良好的条件句，Filed 试图寻找一个超越"实质蕴涵条件句"的"良好条件句"，然后把这样的条件句添加到 Kripke 的强克林不动点系统中，使得扩充后的理论在满足 Tarski-等值式的同时能够一致地包含自身的真谓词。有了"良好的条件句"，会立即产生另一个问题：Curry 悖论。为了避免 Curry 悖论的产生，新增加的条件句需要满足一定的条件，同时放弃一些自然的性质。书中我们着重讨论了高级弗完全理论中良好的条件句的特性，以及在保证同一律、分离律等基本的逻辑规则和 Tarski-等值式成立的前提下，如何避免 Curry 悖论的发生。

为了对真理论悖论的弗完全理论有更深入的理解，在第五章我们把它与目前国际上最具竞争力的另一个真理论悖论解决方案——

15

弗一致的双面论做了比较研究，并论证了它们在哲学及形式系统上的优缺点。

无论是经典的解决方案还是非经典的解决方案，我们在关注其形式系统和理论本身之外，最终的落脚点都是它们如何解决像说谎者这样的真理论悖论的。

第六章是全书的总结。解决真理论悖论，不可避免地要回答"什么是真"这样的问题，按照 Tarski 的构想，形式真理论的基本目标就是要相对于形式化语言严格地定义出人们在日常语言中使用的真概念。Tarski 的真之不可定义性定理表明，相对于那些丰富到足以表达自身基本句法的语言，所定义的真概念不可能同时具有以下三个条件："实质充分性"、"语言封闭性"（即可以包含自身的真谓词）和"语义经典性"。任何一个"在合理的程度上符合一些重要直观"，并且"富于形式结构和数学特征"的方案都必须在这三个条件中进行权衡，最终构造出一个一致的解决真理论悖论的方案。以上述三个条件为参照标准，我们对各个理论做了进一步的探讨和分析，最终得出了真理论悖论的弗完全理论所具有的优势及存在的不足，并提出了未来研究的方向。

本书所采用的研究方法主要有文献探讨法、概念分析法、逻辑分析法、哲学论证法及比较研究的方法等。

(1) 文献探讨法。从文献探讨中了解相关理论的内容、优点与不足、适用性、解释力，以及该理论在哲学与逻辑上的重要意义。

(2) 概念分析法。澄清并明确论文研究中的关键性概念，如真理论悖论、弗完全理论、良好的条件句、Tarski-等值式及素朴真理论等。只有概念明确，才能判断恰当，论证清晰，有说服力。

(3) 逻辑分析法。综合运用现代逻辑技术，去推演各个理论的逻辑结果，透析理论中的哲学问题，并进而评判各理论的优劣。

(4) 哲学论证法。在说明各个理论的价值时，以哲学知识为背景，从理论内容的一致性、解释力、理论结果在直观上的可接受性，以及其在哲学中解决问题的能力与竞争力等角度去分析、评论。哲学工作是技术性工作的前导、铺垫，前者为后者指引方向，提供程序性和策略性指导。技术只是实现思想的工具，任何技术性方案都依据一定的思想。而这些思想本身的依据、理由、基础何在，有没有比这更好、更合理的供选方案等，都需要经过一番批判性的反省和思考。通过对所研究理论的哲学分析和论证，使自身的思想走向正确、深刻和全面。

（5）比较研究的方法。无论是 Kripke 的基础的弗完全理论，还是 Field 带有良好条件句的高级弗完全理论都与其他的相关理论有着密切的关系。特别是 Field 的高级弗完全理论，是在充分考察了形式语义领域很多有影响的工作之后形成的。所以，本书将做几个方面的比较，如不同的弗完全理论的比较、弗完全理论与弗一致理论的比较，并论证它们在哲学及形式系统上的优缺点，特别是着重论证了它们是如何处理说谎者悖论的报复这个问题的。

这里要补充说明的一点是，本书题目为"真理论悖论的弗完全理论研究"，之所以把题目限制在语义悖论中的"真理论悖论"上，目的是通过缩小研究范围，可以更集中、更方便地讨论问题。"真理论悖论"只是庞大的语义悖论中的一小部分，语义悖论中除了以说谎者悖论和 Curry 悖论为代表的与真假概念直接相关的真理论悖论外，还有与意义、命名、指称、定义、断定等概念相关的悖论，如果一一探讨，不仅意义不大，还会带来很多行文上的麻烦。事实上，对于真理论悖论的解决方案同样适用于其他的语义悖论，甚至一些非语义悖论。

第二章　真理论悖论的成因与基于经典逻辑的探讨

如前所述，我们把与语句真假直接相关的语义悖论统称为真理论悖论。像说谎者这样的"断定自身为假"的真理论悖论语句在经典逻辑和经典真理论之间引起了众所周知的矛盾。令 A 是这样的一个语句，语句 A 和 $\neg T\langle A\rangle$ 可以通过合乎逻辑的推理建立等值关系。其中，$\langle A\rangle$ 是 A 的名称，T 是真谓词。再据真的素朴假设（即 Tarski-等值式 $T\langle A\rangle \leftrightarrow A$）能够导致如下结果：

$$T\langle A\rangle \leftrightarrow \neg T\langle A\rangle \tag{1}$$

显然，这在经典逻辑中是不一致的。

面对这样不一致的结果，我们会不由自主地陷入思考：是什么导致了这样的矛盾？又该如何解决该矛盾？

为了解决这个问题，一个显而易见的做法是质疑导致（1）产生的素朴假设。消解真理论悖论的一个直观的做法是在经典逻辑框架内获得解决。其中，最著名、最广为接受的一个基于经典逻辑处理真理论悖论的方法是 Tarski 的语言层级理论。对这一方案的正确理解和把握，是研究当代其他关于真理论悖论解决方案的前提和基础。

第一节首先对真理论悖论的成因做了分析，然后探讨了在经典

第二章 真理论悖论的成因与基于经典逻辑的探讨

逻辑框架内处理真理论悖论的一个重要方法——Tarski 的语言层级理论。

对 Tarski 语言层级理论的探讨又分为 3 节。第二节给出了 Tarski-定理和带 T 谓词的形式语言。Tarski-定理对真理论悖论的解决方案产生了重要影响，Tarski 的语言层级理论就是由它延伸出来的。第三节详细探讨了 Tarski 的语言层级理论——它以特设的形式语言人为地消除了真理论悖论，但由于这一理论反直观、反自然，随后出现了一些修正方案。第四节对 Tarski 层级理论的优缺点做了总结。

第一节 真理论悖论的成因分析

说谎者是一个复杂的问题，形式异常简单，但起因又令人无比困惑。它令人困惑之处的实质不是与主观意向、社会规范之类的事情相关，而是与真、假等语义概念相关。的确，说谎者语句与关于真的规则一起，通过合乎逻辑的推理推出了矛盾。

关于悖论的研究，Tarski 曾说：

> 在我看来，低估说谎者悖论和其他悖论的重要性，把它们当作诡辩或者笑料，从科学进步的角度来看是十分错误和危险的。……如果我们认真对待自身的工作，就不能容忍这个事实。我们必须探索它的成因，就是说，必须分析出这一悖论所依据的前提；然后，在这些前提中必须至少抛弃其中的某一个，由此去追究这样做给我们的整个探讨所带来的后果。[①]

正如 Tarski 所言，要消解悖论，必须首先"探索它的成因"。

---

① 参见［Tar44］，p. 348。

19

关于悖论的文献浩如烟海、纷繁复杂，许多逻辑学家和哲学家已为此殚精竭虑，到底是什么导致了悖论，如何解决，到今天为止仍是一个有争议的问题。

一般认为自指是悖论的重要特征，说谎者悖论、Curry 悖论等都直接或间接地包含自指，由此形成了悖论的直接自指和间接自指。说谎者语句就是直接自指的，它包含的自指语句以直接循环式出现；说谎者循环悖论是间接自指的，它们包含的自指语句以间接循环式出现，虽然表面上没有直接指称自己，但在兜了一个或大或小的圈子之后又回到了原处，最后依然是自我指称。[①]

但自指并不必然导致悖论，悖论也不必然包含自指。例如说谎者语句的对偶句——说真话者（truth teller）语句：

(η)：(η) 是真的。

虽然它和说谎者语句一样是直接自指的语句，也没有导致矛盾。著名的 Gödel 不完全性定理的证明中，一个关键的步骤就是构造了自指的语句："U：U 在系统中不可证。"这个语句是受说谎者语句的启发，并且模仿说谎者语句构造出来的，它只是把真概念替换成了可证性概念，但并没有导致矛盾。[②] 如果禁止自指语句出现，一些直观上为真的自指语句就会一同被禁止，如"本语句是中文的"、"本语句中有九个汉字"等，这些句子意义明确、真值固定（为真），如果被禁止明显是不合理的。再者，产生自指语句的方式多得不可胜数，我们很难有一个合理的办法全部禁止它们出现。正因为如此，Kripke 敢于断言："自指语句的合法性如同算术本身的合法性一样无可置

[①] 参见 [Li10], p. 9。
[②] 参见 [Li10], p. 11。

疑。"① 另一方面，悖论也不必然包含自指，如 Yablo 序列悖论。

显而易见的是，悖论都具有一些共同的结构和共同的推理特性，例如都出现了"真"或"真于"、否定等概念。它的基本构成因素无外乎有三大方面：真谓词的作用，关于真的推理所遵从的各种规则，以及从已有的资源导出矛盾的方法。形成说谎者悖论的首要因素是真概念，遵循逻辑中通常的惯例，我们把"真"当作句子中的谓词来处理，记为"T"。从真谓词出发，我们假设句子有良好的名称。对于一个给定的句子 A，假设 $\langle A \rangle$ 是它的名称，那么将真谓词谓述于 $T\langle A$ 的结果就是 $T(\langle A \rangle)$（在不引起歧义的情况下，我们把形如 $T(\langle A \rangle)$ 的式子简记为 $T\langle A \rangle$，下同）。以下我们假设，对于 $\mathcal{L}$ 中的每一个句子 A，$T\langle A \rangle$ 都是 $\mathcal{L}$ 的合式公式。

说谎者悖论充分揭示了如下两个控制真的基本规则：②

真的引入规则：A 蕴涵 $T\langle A \rangle$。（可形式化地写作 $A \vdash T\langle A \rangle$。）

真的消去规则：$T\langle A \rangle$ 蕴涵 A。（可形式化地写作 $T\langle A \rangle \vdash A$。）

这两类规则是真谓词的特征。由句子 A，能推出 $T\langle A \rangle$，也就是说，在真的引入规则中，我们可以对语句 A 直接引入真谓词；反过来，如果 $T\langle A \rangle$ 成立，能推出 A，也就是说，在真的消去规则中，我们可以消去真谓词得到 A。这两个规则的合取在经典逻辑中等价于断说以下的 Tarski-等值式是逻辑上有效的：③

---

① 参见 [Kri75], p.56。
② 参见 [BG08], pp.9-10；又参见 [BG10], p.7。
③ 参见 [Tar36]。Tarski 把这里的等值式看作经典逻辑中的实质蕴涵双条件句，亦被称为 T-等值式、T-双条件句、T-模式等。

$$\langle A \rangle 是真的当且仅当 A \qquad (T)$$

可形式化地写作：

$$T\langle A\rangle \leftrightarrow A$$

上述等值式（T）是 Tarski 根据人们对真谓词"是真的"如下基本用法提出来的：断定一个语句是真的相当于断定该语句本身。只有当语言中的语句 A 都满足了 Tarski-等值式，才可认为等值式中的"T"是该语言中的一个真谓词。在 Tarski 看来，任何一个足够丰富（丰富到足以包含初等算术）的形式语言不可能包含这样的一元真谓词符 T，使得（T）对该语言中的任何语句 A 都成立。这就是 Tarski "真之不可定义性定理"。

"真之不可定义性定理"是 Tarski 在真理论方面的重要贡献之一。按照 Tarski 的构想，形式真理论的基本目标就是要相对于任何一种语言严格地定义出人们在日常语言中使用的真概念。而 Tarski 的"真之不可定义性定理"却表明，任何一个充分丰富的形式语言不可能同时满足以下三个条件："实质良好性"（Tarski-等值式 $T\langle A \rangle \leftrightarrow A$ 对语言中所有的语句都成立）、"语言封闭性"（在语言中包含自身的真谓词）和"语义经典性"（语言中的联结词和量词按照经典逻辑的语义进行解释）。

在解决真理论悖论的形式理论中，Tarski-等值式作为表明真谓词本质的根本原则一直以来都是不可动摇的，任何解决真理论悖论的理论，都不可避免地在这三个条件中进行权衡取舍。在 Tarski 看来，真谓词的单一性不是必不可少的，为使得 Tarski-等值式成立，层级理论付出了真谓词单一性的代价。Tarski 认为，在分层的语言中一定存在一个真谓词的分层，我们只能在一个语言的元语言中探讨该语言中的真谓词。

第二节　Tarski-定理与带 T 谓词的形式系统

Tarski 对真理论悖论的研究做出了开创性的贡献，其语言层级理论是在经典逻辑框架内解决说谎者悖论的一个重要方法。该理论是由 Tarski 在 1936 年发表的长篇论文《形式化语言中的真概念》［Tar36］中提出的，由于这篇论文有着严格的技术化特点，为了让没有相关技术知识背景的人也能更好地了解，1944 年，Tarski 在《真之语义学概念与语义学基础》［Tar44］中对其做了非形式化的解释和说明。

Tarski 认为，在自然语言中之所以导致说谎者悖论，有两方面的原因：一是假设了自然语言的语言封闭性，二是通常的逻辑规律在其中成立。

Tarski 在《形式化语言中的真概念》一文中，首先指出，对于日常语言中出现的悖论，一项重要的任务就是"针对一给定的形式语言，构造实质上良好、形式上正确的'真语句'词项的定义"[1]。Tarski 认为在构造真之定义之前，有必要对日常语言中真语句的定义做一剖析，他说："为了把读者引向我们的主题，对日常语言中关于真的定义，作一短暂的考察似乎是良好的。"[2] 他从考察说谎者悖论开始，由于说谎者语句在经典逻辑中导致了明显的矛盾，Tarski因而得出结论，对于像日常语言这样丰富的语言，在逻辑规律成立的条件下，想无矛盾地使用"真"这个词项，看来非常成问题，给它建立一个一致的定义是不可能的。对此，他证明了著名的

---

[1]　参见［Tar36］, p. 152。
[2]　参见［Tar36］, p. 154。

"Tarski-定理"（又称"真之不可定义性定理"）：

（系统 $\mathcal{L}$ 中的 Tarski-定理）任何一个充分丰富（丰富到足以包含初等算术）的一致的形式系统 $\mathcal{L}$，不可能存在公式 $T(x)$，使得对于 $\mathcal{L}$ 中的任何语句 A，都有：

$$\mathcal{L} \vdash T\langle A \rangle \leftrightarrow A$$

其中，$\langle A \rangle$ 是语句 A 的名称或 Gödel 编码。

Tarski-定理表明相对于一个足够丰富的语言而言，"是真的"这样一个语义概念超越了这个语言本身，不可能在这个语言内部获得定义。Tarski 的定理也因此得名"真之不可定义性定理"。

Tarski 又进一步研究了悖论的成因，认为是由于日常语言具有普遍性，或称语言封闭性，即日常语言能够含有自身的真谓词。也就是说，我们已潜在地假定：在构成悖论的语言中，不仅包含了这种语言的表达式，也包含了这些表达式的名称，同时还包含了像"真"、"假"这样的语义学词项；我们还假定所有决定"真"、"假"良好使用的语句都能在自身语言中得到断定。因此，在日常语言中很难构造实质良好、形式正确的真之定义，必须采用具有精确特征的形式化语言。于是 Tarski 就把注意力转向了形式语言。在 Tarski 看来，构成形式系统的要素有：[1]

（1）给出初始符号。这些符号不具有任何意义，凭借它们去构造语言表达式。

（2）确定形成规则。初始符号可以任意组成无限多个符号串，形成规则则给出一种可判定程序，用来判定哪些符号串是本语言中的公式，哪些不是。

---

[1] 参见 [Tar36], pp. 165–166。

（3）给出一系列公理。确定本系统中不加推导就予以断定的公式集。

（4）给出推导规则。确定从已断定的公式如何推出新的被断定的公式。

令 $\mathcal{L}$ 是满足上述要求的经过解释的经典一阶语言，一个经过解释的形式语言 $\mathcal{L}$ 是一个三元组 $\langle L, M, \sigma \rangle$，其中 L 是语形，M 是模型或解释，对非逻辑符号如常元、函数符号、谓词符号等给出解释，σ 是一个语义赋值模式，对复合句子给出语义赋值。对于当前的目的来说，赋值模式 σ 仅仅是模型中真或假的一般定义。我们把这一语言作为本书研究的底语言（grounded language），这是经典真理论和我们本书主要研究的弗完全理论的一个共同基础，因此，我们有必要先对这一语言做一番考察。

对于语形 L，它含有以下初始符号：

（1）四类逻辑符号：

（a）无穷多个个体变元符：v_0、v_1、$\cdots$、v_n、$\cdots n \in N$

（b）五个联结符：¬、∨、∧、→、↔

（c）两个量词符：全称量词符 ∀、特称量词符 ∃

（d）一个等词符：≡

（2）三类非逻辑符号：常元 0 和 1，一元谓词符 T 和二元函数符 +、·，并相应地规定了函数符的元数

（3）两对辅助符：括弧）和（、引用符〉和〈

要确定一个一阶语言，只需确定其中的非逻辑符号即可。例如，取定两个常元 0、1，一个一元谓词符 T 和两个二元函数符 +、·，就相应地确定了一个具体的一阶语言，这个语言亦可看作标准的形式算术语言，能良好地表达有关自然数的算术命题。

在语言 $\mathcal{L}$ 中，有意义的符号串——即若干个初始符号形成的序列——有两类，一类是所谓的项，另一类是所谓的合式公式，这些符号串是通过如下的语形规则形成的：

$\mathcal{L}$-项通过并且只有通过以下形成规则递归生成：

(1) 所有变元符和常元符都是项；

(2) 如果 s、t 是 $\mathcal{L}$ 中的项，那么 +st、·st 是 $\mathcal{L}$ 中的项。

$\mathcal{L}$-合式公式通过并且只有通过以下形成规则递归生成：

(1) 如果 s、t 是 $\mathcal{L}$ 中的项，那么 s≡t 是 $\mathcal{L}$ 中的合式公式；

(2) 如果 A 是 $\mathcal{L}$ 中的合式公式，那么 ¬A 是 $\mathcal{L}$ 中合式公式；

(3) 如果 A、B 是 $\mathcal{L}$ 中的合式公式，那么 ($A \wedge B$)、($A \vee B$)、($A \rightarrow B$)、($A \leftrightarrow B$) 是 $\mathcal{L}$ 中的合式公式；

(4) 如果 A 是 $\mathcal{L}$ 中的合式公式，x 是 $\mathcal{L}$ 中的变元，那么 $\forall xA$、$\exists xA$ 也是 $\mathcal{L}$ 中的合式公式。

自由变元的规定如常，此不赘述。不含自由变元的项称为闭项；不含自由变元的公式称为闭公式。在该语言中，所谓的"语句"指的是不含任何自由变元的公式，又称闭公式。

语言 $\mathcal{L}$ 不包含语义项，特别地，不包含真谓词符 T。我们给 $\mathcal{L}$ 增加一个一元真谓词符 T 而形成一个新的语言，称为 $\mathcal{L}^*$，记为 $\mathcal{L}^* = (\mathcal{L}, T)$。$\mathcal{L}^*$ 就是我们所需要的带真谓词符 T 的形式语言。T 预想的解释是真谓词，对于 $\mathcal{L}$ 中的任意项 s，由真谓词符 T 和 s 所形成的公式 $T(s)$ 是合式公式，并且是原子公式。

Tarski 的真之形式语义学的一项基本内容就是对一阶语言中的符号进行解释，从而项也可以得到解释，最终达到建立公式的真值条件，实现真的严格界定。

在讨论 Tarski 对真概念的定义之前，我们回过头来看一看上述 Tarski-定理的证明。为了证明该定理，首先需要引进"语法的算术化"（arithmatization of syntax）的方法，对系统中的初始符号、公式、证明等进行哥德尔配数，使系统中的表达式及其相互关系的元命题转化为"哥德尔数"及相关的算术命题，元语言中表达语法性质和关系的谓词变成算术关系。然后在形式系统中构造出一种新的自指的语句，最后借助 Gödel-Tarski 对角线引理得出 Tarski-定理的证明。

为了在语言 $\mathcal{L}^*$ 中构造出自指的语句，我们先把其中的句法对象用自然数进行编号。哥德尔曾经表明，给形式系统中的每一个初始符号、每一个公式（或符号串）及每一个证明都指派一个独一无二的数是可能的，这就是所谓的哥德尔配数，简称哥德尔数。[①] 通过 Gödel 配数，可以在形式系统的表达式和自然数的某个真子集之间建立一一对应的关系。也就是说，一旦给出了系统内的一个表达式，就可以计算出唯一与之对应的哥德尔数。另一方面，能够找到一种程序，对任一哥德尔数都可以从中"提取"出它所代表的精确表达式。[②] 因为形式系统中每一个表达式都对应一个哥德尔数，因而关于表达式及其相互关系的元命题，就可以理解为关于与之对应的哥德尔数及这些数相互间的算术关系的命题。这样，我们就使形式演算完全"算术化"了。对于系统 $\mathcal{L}^*$ 中的任意表达式 F，如果项 $\langle F \rangle$ 指称了 F 的哥德尔数，我们可以简单地说 $\langle F \rangle$ 是 F 的名称。这样，就得出了一种新的自指方法——我们称之为"Gödel-Tarski 自指"：[③]

[①] 参见 [NN01], pp. 68–69。
[②] 参见 [Li10], p. 10。
[③] 参见 [NN01], p. 92。

用包含项⟨F⟩的句子 F 与 F 建立关系是可能的，其中，⟨F⟩代表 F 的 Gödel 数；在这种情况下，我们说 F 是一个自指的句子。

在 Gödel-Tarski 自指语句的基础上，很容易引出 Gödel-Tarski 对角线引理：

对于形式系统 $\mathcal{L}^*$ 中的任意公式 $T(x)$，其中，x 是唯一的自由变元，存在 $\mathcal{L}^*$ 中的一个句子 A 使得 "$A \leftrightarrow T\langle A \rangle$" 在 $\mathcal{L}^*$ 中是可证的。

需要注意的是，Gödel-Tarski 对角线引理可推广应用于任何包含 $\mathcal{L}^*$ 的更丰富的系统中。

通过对形式系统 $\mathcal{L}^*$ 中的公式 $\neg T(x)$ 运用 Gödel-Tarski 对角线引理，我们得到，存在 $\mathcal{L}^*$ 中的一个句子 A，使得 $\mathcal{L}^* \vdash A \leftrightarrow \neg T\langle A \rangle$，在经典逻辑中，这逻辑上蕴涵了 $\mathcal{L}^* \vdash \neg (A \leftrightarrow T\langle A \rangle)$。也就是说，$A \leftrightarrow T\langle A \rangle$ 不是系统 $\mathcal{L}^*$ 中的定理（如果系统 L* 是一致的）。这样，我们就完成了 Tarski 不可定义性定理的证明。[①]

如果我们需要一个 $\mathcal{L}^*$ 的真谓词，诸如"算术真"（缩写为 T_0），它要满足以下条件：对于 $\mathcal{L}^*$ 中的任一语句 A，"$T_0\langle A \rangle \leftrightarrow A$" 必须是一个定理，然而，Tarski 不可定义性定理却表明如果 $\mathcal{L}^*$ 是一致的，那么对于算术理论 $\mathcal{L}^*$ 而言，$\mathcal{L}^*$ 中任何可定义的公式都不是这个真谓词 T_0。

由此我们可以得出结论，"算术真不是算术可定义的"或者

---

① 参见 [NN01]，pp. 95–108。

"$\mathcal{L}^*$不能包含它自身的真谓词",语言$\mathcal{L}^*$中的真谓词只有在扩充了的语言中才能找到。这样的一个结果就是Tarski的语言层级理论,Tarski通过对语言进行分层,使得每一个低层级语言的真谓词可以在高一层级的语言中得到定义。

第三节　语言层级理论

Tarski的语言层级理论源于他对以往真理论的不满。Tarski在《形式化语言中的真概念》［Tar36］一文开头就指出:"……尽管在日常语言中词项'真语句'的意义是十分清楚和容易理解的,但是迄今为止所有对这一意义进行更精确定义的尝试都是毫无结果的,有许多研究工作,其中应用到了这个词项并且还以一些显然成立的前提出发,但却经常导致悖论或悖谬(对于它们,多多少少令人满意的解决方法已经发现)。"[1] 这里,Tarski一针见血地指出包含真谓词的"日常语言"极易导致悖论,"多多少少令人满意的解决方法"指的就是他在形式语言中所创立的层级理论。

Tarski认为一个恰当的真之定义应满足两方面的条件,一方面是实质的良好性(materially adequate),另一方面是形式的正确性(formally correct)。对于任何一个可接受的定义,实质的良好性规定了它的可能内容的界限,形式的正确性规定了它的可能形式的界限。

Tarski认为"实质的良好性"条件要求我们对真的定义应该以亚里士多德的古典真概念为基础,成功地抓住或表达真概念的日常直观含义。"亚里士多德在《形而上学》中说:'说非者为是,或

---

[1] 参见［Tar36］,p.152。

是者为非，即为假；说是者为是，或非者为非，即为真。'"① Tarski 认为这些表述虽然表达了真的直观含义，但在语言刻画上缺乏清晰性、精确性和严谨性。他通过一个具体的例子对真概念做了分析。他说：考虑句子"雪是白的"。我们提出这样的问题：这个句子在什么条件下为真？在什么条件下为假？看来回答似乎是明显的，假如以古典的真概念为基础，我们会说，如果雪是白的，那么这个句子是真的；如果雪不是白的，那么这个句子是假的。因此，对真的定义要与这个思想相一致，就必须蕴涵下面这个等值式：

句子"雪是白的"为真，当且仅当，雪是白的。

现在我们需要对此等值式作些说明，我们已经看到语词"雪是白的"在等值式的两边都出现了，出现在左边时它带有引号，出现在右边时则无引号。右边无引号的是句子本身，左边有引号的是句子的名称。为什么左边要用句子的名称呢？原来从句法的观点看，一个句子的主语只能是名词性的表达式。对于一个"x是真的"形式的表达式，如果我们用一个句子去替换x，或用其他任何不是名称的东西去替换x，那就都不能使替换后的表达式成为一个有意义的句子，将句子加引号所得的句子名称叫作引号名称。上面的讨论可以一般化，用字母A代替任一句子，用字母x代替该句子的名称，于是，从我们对真的基本观点来看，两个句子有下面的等值关系：

(T) x是真的，当且仅当A。

---

① 参见 [Tar44], pp. 342–343。

第二章　真理论悖论的成因与基于经典逻辑的探讨

这就得到了我们前文不止一次提到的 Tarski-等值式，Tarski 把该等值式看作定义真的实质恰当性条件。正如 Tarski 本人所说："我们将称一个关于真的定义为'良好的'，如果所有这些等值式都是从它可以推导出来的。"

所谓形式正确性，是指能将清晰的不会混淆的定义词项，精确而无歧义地用于被定义词项的外延。为了达到形式正确性的要求，他先区分了对象语言和元语言。Tarski 论述道："当我们研究一种形式化的演绎科学的语言时，一定要清楚地区分我们所研究的语言和我们在其中讨论问题的语言，正如区分作为我们研究对象的学科和在正在进行研究的学科那样。"[①] 他把"所研究的语言"称为对象语言（object-language），"在其中讨论问题的语言"称为元语言（meta-language）。他认为只有严格地区分了对象语言和元语言的不同层级，才能避免真理论悖论。按照这种方法，真、假等概念是元语言中的谓词，对象语言中的真之定义必须在元语言中给出，每一层级的语言不能包含自身的真谓词。为了达到这一目的，元语言必须比对象语言丰富，必须具有比对象语言更高的层级，对象语言是作为一个真子集包含在元语言中的。因此，关于真的定义就是相对于某一层级语言的定义。从这个意义上说，Tarski-定理相当于说任何充分丰富的形式语言都不可能是语义封闭的。其次，对象语言和元语言都必须具有明确规定的形式结构，遵循相应的形式规则，都必须用公理化、形式化的方法来表述：首先给出不加定义的初始符号以及项和合式公式的形成规则；然后给出与初始符号相关的不证自明的公理和推理规则，通过证明推出语言中的定理或可证语句。这样，两类语言中的表达式在形式上都是唯一被确定了的，不会产生歧义和混淆。这可看作对真定义逻辑上的要求，其本质在于要求

---

① 参见 [Tar36]，p. 187。

真理论本身如公理化的逻辑体系那样是可形式化的。

由于日常语言包含自身的真谓词，是一个语义封闭的语言，给这样一个足够丰富的语义封闭的语言提供一个一致的、满足实质恰当性要求的真之定义是不可能的，因此，Tarski 的真之理论不能应用在日常语言中，而只能应用于形式语言中。

结合上一节给出的形式语言，我们来看看 Tarski 语言层级是如何建立起来的。从一个不包含真谓词的经过解释的形式语言 $\mathcal{L}_0$ 开始，令 $\mathcal{L}_1$ 是一个比 $\mathcal{L}_0$ 丰富的 $\mathcal{L}_0$ 的元语言。我们可以在 $\mathcal{L}_1$ 中定义一个 $\mathcal{L}_0$ 的真概念 T_0，这个概念精确地适用于 $\mathcal{L}_0$ 中每一个真语句的哥德尔数。换句话说，对于 $\mathcal{L}_0$ 中的任一语句 A，"$T_0\langle A \rangle \leftrightarrow A$" 都是 $\mathcal{L}_1$ 中的一个定理。但 T_0 并不适用于 $\mathcal{L}_0$ 中假语句的哥德尔数，也不适用于属于 $\mathcal{L}_1$ 但不属于 $\mathcal{L}_0$ 中的语句的哥德尔数。当然，我们可以继续这个过程。如果我们想定义 $\mathcal{L}_1$ 语句的真谓词 T_1，必须在一个比 $\mathcal{L}_1$ 丰富的元语言 $\mathcal{L}_2$ 中进行。这个在 $\mathcal{L}_2$ 中定义出的概念 T_1 精确地适用于 $\mathcal{L}_1$ 中每一个真语句的哥德尔数。换句话说，对于 $\mathcal{L}_1$ 中的任一语句 A，"$T_1\langle A \rangle \leftrightarrow A$" 都是 $\mathcal{L}_2$ 中的一个定理。但 T_1 并不适用于 $\mathcal{L}_1$ 中假语句的哥德尔数，也不适用于属于 $\mathcal{L}_2$ 但不属于 $\mathcal{L}_1$ 中的语句的哥德尔数。如此等等，以至无穷。这样就形成了一个越来越丰富的 Tarski 语言层级：$\mathcal{L}_0$，$\mathcal{L}_1$，$\mathcal{L}_2$，… 在这个语言层级中，每一个语言 $\mathcal{L}_n$ 的真谓词 T_n（$n \geq 0$）都可在 $\mathcal{L}_{n+1}$ 中定义出来。

所以，只要形式语言遵循上述要求的层级性，那么完全可以在高一级层级的语言内部定义出低一层级语言中的真概念。为了定义语言中的真概念，语言乃至真概念都被分出很多层级。如果严格地遵循语言的层级性，那么完全可以杜绝悖论性矛盾出现在语言中。

第四节　结论与问题

Tarski 的语言层级理论构造了一种形式语言，保留了经典逻辑，放弃了语言封闭性,为消除语言中的悖论提供了一种行之有效的处理方式。按照 Tarski 语言层级的观点,在一个语言中,断定某个语句为真的语句,不可能是该语言本身中的语句,而必须是属于该语言的元语言。也就是说,一个给定层级的语言中的真谓词只能在高一层级的语言中表达。因此,说谎者语句"(λ):(λ)在语言 $\mathcal{L}_0$ 中为假"这句话本身必须是比它高一层级的元语言 $\mathcal{L}_1$ 中的语句,而不是 $\mathcal{L}_0$ 中的语句。因此,它只不过是一个假语句,而不是悖论性语句。这样,通过语言分层,我们就可以在语言中谈论那些悖论性语句的真值而不导致矛盾。

然而,Tarski 的语言层级理论只能用来定义形式语言中的真概念,日常语言无法满足其理论要求。有些逻辑学家如 Parsons [Par74] 和 Burge [Bur79] 虽然同意他的真之定义,却不同意他的这一看法,认为完全可以在日常语言(我们称为"$\mathcal{L}$")中定义一个一致的真概念,他们的做法是把语言 $\mathcal{L}$ 看作一个由无数层级的语言构成的,并将 $\mathcal{L}$ 中的真谓词看作在该语言中系统性歧义(systematically ambiguous)的谓词。在为 $\mathcal{L}$ 中语句定义真时,我们先将 $\mathcal{L}$ 中所有不涉及真谓词的语句所形成的集合看作一个语言,称为"$\mathcal{L}_0$"。我们可以按照 Tarski 的真之定义方式定义出语言 $\mathcal{L}_0$ 中的真谓词"在 $\mathcal{L}_0$ 中为真",即"T_0",并将语言 $\mathcal{L}_1$ 看作这样的一个语句集合:由所有 $\mathcal{L}_0$ 中的语句,以及由 $\mathcal{L}_0$ 中的语句、这些语句的名称,以及由真谓词 T_0 所形成的任何语句组成的集合。这样,T_0 将适用于 $\mathcal{L}_0$ 中所有为真的语句,但不适用于 $\mathcal{L}_0$ 中任何为假的语句,也不适用于 $\mathcal{L}_1$ 中的任何语句。接下来,可以按照同样的方法定义出语言 $\mathcal{L}_1$ 中的真谓词"在 $\mathcal{L}_1$ 中为真",即"T_1",然后,定义出语言 $\mathcal{L}_2$ 中的真谓词"在 $\mathcal{L}_2$ 中为真",即"T_2"等。这个过程可以无限次重复下去,从而形成一个越来越丰富的类似于 Tarski 层级理论中的语言层级:$\mathcal{L}_0$,$\mathcal{L}_1$,$\mathcal{L}_2$,…和真谓词层级 T_0,T_1,T_2,…在这个语言层级中,除语言 $\mathcal{L}_0$

外，其余的每一个语言 $\mathcal{L}_{n+1}$ 都包含了比它低一层级的语言 $\mathcal{L}_n$，并且在语言 $\mathcal{L}_{n+1}$ 中都可定义出比它低一层级的语言 $\mathcal{L}_n$ 中的真谓词 T_n（$n \geq 0$）。现在，我们把自然语言 $\mathcal{L}$ 看作所有这些语言 $\mathcal{L}_0$，$\mathcal{L}_1$，$\mathcal{L}_2$，…的并集，并且将 $\mathcal{L}$ 中的真谓词看作系统性歧义的谓词：日常语言中对真的某次使用究竟指称真谓词层级 T_0，T_1，T_2，…中的哪一个，取决于它被使用时的语境和使用者当时的意图；我们甚至可以假设，每次使用"真"这一谓词时，使用者都暗中赋予了该谓词一个下标。这样，由于语言 $\mathcal{L}_0$，$\mathcal{L}_1$，$\mathcal{L}_2$，…中的每一个，就其本身来说，都是开放的，因此，在这些语言中不会产生矛盾，在它们所共同形成的自然语言中也不会产生。所以，在 Parsons 和 Burge 等看来，我们就得到了一个基于经典逻辑的、封闭的语言，即自然语言，在这样的语言中是不会产生悖论的。①

严格来说，Parsons 和 Burge 等的理论并不完全满足 Tarski 的实质恰当性要求，他们的理论只是 Tarski 层级理论的一个限制性版本。然而，Parsons 和 Burge 等的这一理论和 Tarski 的语言层级理论一起产生了广泛而重要的影响，在相当一段时期内（从它们产生到 1975 年以前），分层思想一直占支配性的地位：任何对"真"概念的有意义的谈论都必须被看作某一层级语言中的一个真谓词。

然而，这些基于经典逻辑的解决方案也引来了很多批评，主要有以下几点：

首先，把语言进行人为的分层具有强烈的特设性，不符合自然语言的现实，也不符合我们的直观。自然语言内部很难说有什么层级。在很多情况下，根本分不出哪是语言 $\mathcal{L}_0$，哪是语言 $\mathcal{L}_1$，哪是语言 $\mathcal{L}_2$……，对"真"、"假"等概念也是在同一个确定的意义上使用的，而不是基于 T_0，T_1，…，T_n，等等。例如，在"下一个命

---

① 参见 [Wang08]，pp. 230 – 231。

题是假的，上一个命题是真的"这样的循环悖论中，这两个语句似乎既属于元语言又属于分析元语言的元元语言，因为"下个命题是假的"描述的是下一个命题，它属于下个命题所在的语言的元语言；"上个命题是真的"应是谈论的主题，但它描述了属于元语言的命题，因此，它应该属于元元语言。这样，"下一个命题是假的，上一个命题是真的"中的两个语句该属于哪一个语言层级就成了Tarski的层级理论难以回答的问题了。又如，假设John说，"Nixon今天所说的话都为真"，但他却不完全清楚Nixon今天说了什么，在这种情况下，John就无法确定他所使用的真谓词的阶层。并且这种层级观"似乎是与事实相违背的"，Kripke曾以一个实例明确表明了这一点：假设John说：

Nixon关于"水门事件"的所有断言都是假的。

这就必须在高于Nixon关于"水门事件"所说的任何话的最高层级的下一个层级上被指定；但是，我们不仅没有办法确定Nixon关于"水门事件"所说的话的层级，而且在不利的情况下，实际上不可能一致地指定层级，假设Nixon关于"水门事件"所说的一句话是：

John关于"水门事件"的所有断言都是真的。[1]

如果孤立地考察每一句话，在直观上，它们都具有确定的真值，但这两句话放到一起在某些情况下可以导致悖论。按照Tarski层级观点，John所说的话必须比Nixon所说的话高出一个层级，并

---

[1] 参见［Kri75］, pp. 59 – 60。

且 Nixon 所说的话也应该比 John 所说的话高出一个层级。在这种情况下，我们根本无法确定这两个语句哪一个层级更高或更低。这也构成了对 Parsons［Par74］和 Burge［Bur79］等理论的致命打击。

其次，在 Tarski 的语言层级理论中，某个层级的语言的真概念只能在高一层级才能得到严格的定义，但这种层级到哪里会是个终结呢？也就是说，当我们试图陈述"各有穷层级语言中的语句都为真"时，显然需求助于"在所有有穷层级之上的具有超限（transfinite）层级的元语言"，但基于经典逻辑的理论却无法定义一个超限层级的元语言（如 $\mathcal{L}_\omega$）以及其中的真谓词（如 T_ω），如何定义这种超限层级的语言，对于 Tarski 的经典真理论来说，是一个"从来没有认真研究过的实质性的技术困难"[①]。

再次，将自然语言看作具有无数多层级的语言，将会使得自然语言在表述一些普遍的逻辑真理时遭遇困难。我们可以在自然语言中说"所有具有一定形式的语句都为真"，而这里所谓的"所有"指的就是"所有"，而非某个语言当中的部分语句。但在层级理论中，一个自然语言并没有一个最高的层级，因而没有一个真谓词可以用来陈述所有的语句。否则，就会再次产生一个地地道道的悖论性的语句：

(λ)：(λ) 在分层语言的所有层级上都是假的。

最后，在数学语言中，可以有一个断定自身为真或为假的语句，但在层级理论中这是不可能的。因此，接受层级理论似乎会迫使我们放弃数学语言的使用。

由于上述的众多批评及难以克服的缺陷，随后对真理论悖论的

---

① 参见［Kri75］，p. 61。

处理几乎都以语言的封闭性为先导。Kripke 的《真理论纲要》[Kri75]（也包括 Martin 和 Woodruff [MW75] 的理论）一文正是在这种情境下出现的有突破性的成果。近年来，Field 在《从悖论中拯救真理》[Fie08b] 一书中则构造了一个复杂的、具有精确技术刻画的新理论。与 Tarski 及其追随者的观点不同，Kripke 和 Field 认为有些三值语言能够一致地包含自身的真谓词，而不必然导致矛盾。由于排中律在这些理论中不成立，他们的理论被称为弗完全理论。

第三章 基础的弗完全理论

本章共分 4 节。第一节是对基础弗完全理论中的两个重要的概念——真值空缺模式和有根性的介绍；第二节和第三节分别探讨了强克林不动点理论和不动点存在性的归纳构造过程；最后一节是结论与存在的问题。

第一节 真值空缺模式与有根性

1975 年，Kripke 发表了继 Tarski《形式化语言中的真概念》[Tar36] 之后关于真理论悖论非常重要的一篇论文《真理论纲要》[Kri75]。面对以往经典方案难以克服的困难，他希望建立一种新理论，不但能够把握关于真概念的一些"重要直观"，而且要进入到"一个形式结构和数学性质上都足够丰富的领域"，[①] "至少丰富到既足以表达（直接或经由算术化）其自身基本句法，又含有它自身真谓词的语言，并能给予该语言严格的语义公式化"[②]。为了达到这一目的，Kripke 保留了经典的真理论，拒斥排中律，以非经典三值逻辑为基础，提出了允许"真值空缺"的思想，即允许语句或者

---

① 参见 [Kri75]，p. 63。
② 参见 [Kri75]，p. 62。

是真的，或者是假的，或者既不是真的也不是假的，而悖论性语句恰好落在不真不假的真值之空缺中使得悖论得以避免。这既符合我们关于日常语言封闭性的直观，又保持了语言的一致性。

为了更清楚地说明真值空缺的思想，Kripke 提供了一种数学上的工具，严格地界定了"有根性"（groundedness）这一概念，并为真是根据"在非语义事实之上"这个直观的想法提供一个更为严谨的说明：

> 一般而言，如果一个语句断定了某一集合 C 中的语句（所有、一些、大部分等）为真，那么，一旦 C 中的语句的真假能够被确定，该语句的真假也就能够被确定。如果 C 中的有些语句本身含有真概念，它们的真假则需进一步考察其他语句的真假来加以确定。如果这个过程最后终止于不含真概念的语句上，则起初那个语句的真假就得以确定，我们就称那个起初的语句为"有根性的"语句；否则，称它为"无根性的"语句。[①]

从直观上说，一个"有根性的"语句能够最终通过非语义事实（不涉及"指称""满足""真假"等语义概念的事实）来确定其真假的语句，而一个"无根性的"语句则不能最终通过非语义的事实来确定该语句的真假。前者的例子如"'雪是白的'是真的"、"''雪是白的'是真的'是真的"及"'''雪是白的'是真的'是真的'……是真的"之类的语句，它们最终都可以由"雪是白的"这一非语义事实的真来确定自身为真；后者的例子如说谎者语句、说真话者语句及 Curry 语句等，这些语句的特性在于：没有任

[①] 参见 [Kri75]，p.57。

何的非语义事实足以决定它们的真假值。

Kripke认为只有"有根性的"语句才是有真假值可言的语句，而像说谎者语句、说真话者语句及Curry语句这样的"无根性的"语句都是没有真假可言的。但如果"无根性的"语句无真假可言，理论上我们便应该采取一种允许真值空缺的三值语言去处理这样"无根性的"语句。由于排中律在三值语言中并不成立，因而这样的三值语言将可以有效地阻断从说谎者悖论推出矛盾的论证。这样，为了能够一致地谈论一个语言中的语句是否为真，我们并非总是（如同Tarski等经典的理论家所认为的）需要使用一个比该语言更丰富的，或在层级上更高的元语言不可；许多三值语言或多值语言本身便可以包含自身的真谓词，给这样的一个多值的丰富语言提供一个一致的真之定义仍然是可能的。由于该理论拒斥排中律，故称为弗完全的。

在对真概念进行定义这一问题上，Kripke实际主张保留Tarski所说的"语言封闭性"，根据Tarski-定理，这必须以放弃语义经典性为代价。正是在这里，Kripke使用了"允许真值空缺"出现的非经典三值模式。但哪一些非经典的三值模式可以一致地包含自身的真谓词呢？至少有三种：克林强三值模式、弱三值模式及van Fraassen的超赋值模式。无论何种真值模式，只要能够保持特定算子的"单调性"，都可用于定义形式语言中的真谓词。① 事实上，Kripke的基础弗完全理论[Kri75]所使用的是克林的强三值模式（又称强克林三值模式，下同，文中我们记作 κ）。该理论就是通过强克林三值模式在形式语言中定义出自身的真谓词的。

---

① 关于这一模式可参见[vF68, vF70]等文的相关论述。

第二节 强克林不动点理论

与 Tarski 的语言层级理论的做法一样，Kripke 的强克林系统始于一个不包含真谓词的完全经典的一阶系统 $\mathcal{L}$，然后把 $\mathcal{L}$ 的语言作为底语言，增加一个一元谓词符 T，把它扩充为包含 T 的强克林系统 $\mathcal{L}_\kappa$。为了与先前的做法既相联系又有区别，我们把这样的系统记为 $\mathcal{L}_\kappa = \mathcal{L} \cup \{T\}$。不过，所不同的是，在 Kripke 强克林系统的对象语言中将允许出现真谓词。$\mathcal{L}_\kappa$ 与 $\mathcal{L}$ 在句法方面的规定相同（但我们将"→"变形为"⊃"），除了额外地规定了带有新增真谓词符 T 的语句，也就是说，对于 $\mathcal{L}_\kappa$ 中任一变元和常元 s，$T(s)$ 是公式，并且是原子公式。在语义方面，$\mathcal{L}_\kappa$ 的模型由论域 D_κ 和解释 I_κ 两部分组成，对于要达到的目标来说，经过完全解释的形式系统 $\mathcal{L}$，同时也是 $\mathcal{L}_\kappa$ 的部分解释：除真谓词符 T 之外，I_κ 对其他的一切非逻辑符号的解释与经典系统 $\mathcal{L}$ 相同。为了适应三值赋值模式，我们必须对真谓词符 T 提出新的解释。我们的目标是将 T 解释成"在 $\mathcal{L}_\kappa$ 中为真"这个谓词，并因而让 $\mathcal{L}_\kappa$ 成为一个足够丰富的系统。这样，真谓词符 T 就可用于扩充后的系统 $\mathcal{L}_\kappa$ 中的每一个句子，当然包括 $\mathcal{L}$ 中的每一个句子。

接下来，我们具体说明一下它的形式语义：扩充经典的语义赋值到强克林逻辑 $\mathcal{L}_\kappa$ 的语义赋值集合 $v = \{1, 0, \frac{1}{2}\}$（其中，1、0、$\frac{1}{2}$ 分别表示真、假、既不真也不假），显然，与经典的语义赋值相比，强克林语言中多了一个既不真也不假的第三值 $\frac{1}{2}$，因此，$\mathcal{L}_\kappa = \langle L_\kappa, M_\kappa, \kappa \rangle$ 被称为三值语言，其特指值和经典逻辑一样，是唯一的元素1。由于 $v = \{1, 0, \frac{1}{2}\}$，强克林模型 $M_K = \langle D_K, I_K \rangle$ 除了指派一个1-元谓词 T 到 $D \to \{1, 0, \frac{1}{2}\}$ 的元素不同之外，其他和经典一阶模型是相同的。特别地，我们假设 $\mathcal{L}_K$ 中的每一个谓词在 I_K 之下都得到了一个特定的解释。因涉及三值赋值模式，所以需要同时给出谓词的"外延"和"反外延"。具体说来，对于一个 n-元谓词 P 作出一个特定的解释也就是对之指定 D 中一对没有交集的两个集合的序对 $\langle P^+, P^- \rangle$，前者被称为是谓词 P 的外延（extension），也就是相对于 P 为真的所有 n 个元素的序对所形成的集合；后者则被称为是谓词 P 的反外延（anti-extension），也就是相对于 P 为假的所有 n 个元素的序对所形成的集合。也许，正如我们所希望的那样，一个解释 I_K 可能使得论域中的元素序对 $\langle a_1, \cdots, a_n \rangle$ 既不在 P 的外延中，也不在 P 的反外延中，在这种情况下，我们说，相对于该模型，P 对于元素序对 $\langle a_1, \cdots, a_n \rangle$ 既不真也不假，序对 $\langle a_1, \cdots, a_n \rangle$ 恰好落在 P 的真假之空缺中。[①] 因此，在模型 M_K 中，如果词项 $t_1, \cdots, t_n$ 分别指称论域中的元素 $d_1, \cdots, d_n$，那么，$P\langle t_1, \cdots, t_n \rangle$ 在 M_K 中的语义值就是 $I(P)\langle d_1, \cdots, d_n \rangle$，$P\langle t_1, \cdots, t_n \rangle$ 在 M_K 中的语义值是1，当且仅当序列 $\langle d_1, \cdots, d_n \rangle$ 属于 P 的外延 P^+；同理，$P\langle t_1, \cdots, t_n \rangle$ 在 M_K 中的语义值是0，当且仅当序列 $\langle d_1, \cdots, d_n \rangle$ 属于 P 的反外延 P^-；否则，$P\langle t_1, \cdots, t_n \rangle$ 在 M_K 中的语义值是 $\frac{1}{2}$。

由真值函项联结词所形成的复合语句，是以如下的方式决定各种语句的语义赋值情况的（在下面关于"¬"、"∧"和"⊃"的三个真值表中，最左边一直列代表的是该复合语句左边语句的语义

[①] 参见 [Bea09]，p. 69。

值，最上方一行代表的是该复合语句右边语句的语义值）：

否定：

¬	
1	0
$\frac{1}{2}$	$\frac{1}{2}$
0	1

合取：

∧	1	$\frac{1}{2}$	0
1	1	$\frac{1}{2}$	0
$\frac{1}{2}$	$\frac{1}{2}$	$\frac{1}{2}$	0
0	0	0	0

蕴涵：

⊃	1	$\frac{1}{2}$	0
1	1	$\frac{1}{2}$	0
$\frac{1}{2}$	1	$\frac{1}{2}$	$\frac{1}{2}$
0	1	1	1

而其他的逻辑联结词∨、↔定义如常。例如：一个析取命题为真，当且仅当至少它的一个析取支为真；一个析取命题为假，当且仅当它的两个析取支都为假；否则，该析取命题既不真也不假。

对于包含量词的语句，例如：∀(x)φ(x)是真的，当且仅当"φ(x)"对于论域D中所有的元素都是真的；∀(x)φ(x)是假的，当且仅当"φ(x)"对于论域D中存在至少一个元素是假的，否则，它既不真也不假。①

很容易看出，经典语言是强克林语言的特殊情况，经典逻辑是强克林逻辑的真扩充：$\mathcal{L}_K$有效的都是经典有效的，但经典有效的不一定是$\mathcal{L}_K$有效的。从哲学的角度看，强克林语言，尽管明显是非经典的，而逻辑却完全是经典逻辑的一部分。它要求$P^+ \cap P^- = \phi$，也就是说，没有元素既在一个谓词的外延中，同时又在该谓词的反外延中，因此避免了不一致性。但它与经典语言不同之处在于对所有的

---

① 参见［GB93］，pp. 33–49；［Bea09］，p. 70。

谓词来说，不要求 $P^+ \cup P^- = D^n$，即外延和反外延不一定要穷尽论域中的元素。经典语言不能包含自身的真谓词，而 Kripke 的强克林语言去掉了隐含在经典语言中的"可穷举特征"（exhaustive characterization）[①]，并以此为出发点来证明这样的语言中真谓词的存在性。

Kripke 的强克林赋值模式 κ 有两个显著特性值得我们注意。其一，模式 κ 尊重经典逻辑的语义赋值：如果一个复合命题的子命题都遵循经典逻辑赋值模式，那么，强克林赋值模式 κ 对该复合命题的赋值与经典逻辑赋值模式的赋值相一致。特别地，两个模式在经典模型上表现出完全的一致。其二，模式 κ 具有单调性（monotonicity）。[②] 该特性也是 Kripke 得出形式语言能够包含自身真谓词这一结论的关键因素之一。

我们要对单调性做一说明。在说明单调性之前，先定义两个谓词的解释之间的偏序关系 $\leqslant$ 如下：对于任意谓词 P 的任意两个解释 $\langle P^+, P^- \rangle$ 和 $\langle P'^+, P'^- \rangle$ 来说，$\langle P^+, P^- \rangle \leqslant \langle P'^+, P'^- \rangle$ 当且仅当 $P^+ \subseteq P'^+$，$P^- \subseteq P'^-$。（我们可以将"$\langle P^+, P^- \rangle \leqslant \langle P'^+, P'^- \rangle$"读成"$\langle P^+, P^- \rangle$ 比 $\langle P'^+, P'^- \rangle$ 对于 P 的解释更弱"。）直观上，当 $\langle P^+, P^- \rangle$ 比 $\langle P'^+, P'^- \rangle$ 对于 P 的解释更弱时，在前一解释中对 P 为假的元素（或元素序对）在后一解释中也对之为假，并且在前一解释中对 P 为真的元素（或元素序对）在后一解释中也对之为真；但反之则不必然。令 M 和 M' 是 $\mathcal{L}_\kappa$ 的两个弗完全模型。现在，我们来定义一个介于任意两个具有相同论域的模型 $M = \langle D, I \rangle$ 和 $M' = \langle D, I' \rangle$ 之间的偏序关系 $\leqslant$ 如下：$M \leqslant M'$ 当且仅当：（1）M 和 M' 对于谓词之外的其他非逻辑符号如常元、函数符等所作出的解释完全

[①] 所谓经典语言的"可穷举特征"，指的是对于该语言中的所有语句来说，这些语句要么本身是真的，要么其否定是真的，即经典逻辑满足排中律；而在 Kripke 的强克林理论中，真、假二值已经不能对系统中的语句完全分割，有些语句取既不真也不假的第三值，也就是说，排中律是不成立的。参见 [Bea09]，p. 76。

[②] 参见 [Gob08]，p. 108。

相同；（2）对于任一谓词 P 来说，I 对于 P 给出的解释都弱于 I' 对于 P 所给出的解释，即对于每一个谓词 P 来说，$I(P) \leqslant I'(P)$。由此，我们说一个语言是单调的，当且仅当对于该语言的任意两个模型 M 和 M' 来说，如果 $M \leqslant M'$，那么，任何在 M 的解释下为真的语句在 M' 的解释之下也会为真，并且任何在 M 的解释下为假的语句在 M' 的解释之下也会为假。我们可以通过结构归纳法证明，每一个强克林语言都是一个具有单调性的语言。

像 $\mathcal{L}_\kappa$ 这样的语言正是我们所需要的：在句法上，它包含一个真谓词符 T，能够表达"在 $\mathcal{L}_\kappa$ 中为真"这样的语句。而当前的问题在于：我们能否将 $\mathcal{L}$ 的解释 M 扩展成一个完整的对于 $\mathcal{L}_\kappa$ 的解释 M_κ，并使得 T^+ 和 T^-（T 的外延和反外延）刚好分别是 $\mathcal{L}_\kappa$ 在 $\mathcal{L}_\kappa$ 的模型中所有的真语句（的哥德尔数）和所有的假语句（的哥德尔数）所形成的集合？如果这是可能的，那么，真谓词符 T 在 M_κ 的解释下就是 $\mathcal{L}_\kappa$ 这个足够丰富的语言中的真谓词，这就达到了我们预期的目的。但问题是：这样的解释可能吗？如果可能，它如何可能？

第三节 不动点存在性的归纳构造过程

给定的形式语言能够包含自身的真谓词是由不动点的存在性得以保证的。而不动点存在性的证明有两种：一种是代数的，给出了关于不动点结构的有意义的信息，它的证明基于在信息序之下对真的那些可能解释的结构的特性，这个结构是一类特殊的偏序集（自返、非对称和传递的）；[①] 另一种则是我们本书即将讨论的归纳构造理论，它通过对真谓词的超限递归来"逼近"不动点，最终得出了

[①] 2006 年，Gauker 在《Kripke 的真理论》一文中使用了与选择公理等价的佐恩引理，给出了不动点存在性的代数证明。参见 [Gau06a]。

形式语言能够包含自身的真谓词。① 现在，我们便来看看如何构造出这样的不动点。

从直观上说，我们的目的是通过越来越丰富的语言的跳跃，使得每一个"新"语言都扩充了先前语言中什么是真和什么是假的陈述。更精确地说，就是每一个后继语言都比先前的语言包含了关于什么是真和什么是假的更加充分的陈述。从外延和反外延的角度看，后继的语言扩充了真谓词 T 的外延和反外延。当然，我们希望最终找到一个有"不动点"解释的语言，在该语言中任何为真的语句都被完全保留到给定的语言中，我们不需要再进一步扩充下去了。

有了给定的"底语言"$\mathcal{L}$ 和扩充了的语言 $\mathcal{L}_\kappa$，$\mathcal{L}_\kappa$ 的句法包括 $\mathcal{L}$、真谓词符 T 及其所形成的句子。我们希望新语言"扩充了"底语言，并且前者与后者模型的不同之处仅仅在于后者对 T 指派了一个解释。对于当前的目的来说，令 $\mathcal{L}_\kappa$ 的解释函数 I_κ 对 T 指派 $\langle \phi, \phi \rangle$，其中 $\langle \phi, \phi \rangle$ 是指派 $\frac{1}{2}$ 给 $\mathcal{L}_\kappa$ 的论域 D_κ 中每一个元素的函数（因此，$\mathcal{L}_\kappa$ 中 T 的外延和反外延都是空的）。

问题的关键在于我们是怎样扩充到对真谓词符 T 的解释的？换句话说，如何才能过渡到相对于真谓词来说更丰富的语言？这里发挥至关重要作用的是"跳跃算子"（jump operator）J，再由强克林赋值模式 κ 的单调性，就可以实现它的作用。其基本思想就是，从对真谓词符 T 的某一次解释出发，利用所谓的"跳跃算子"运算的反复迭代（通常需要迭代超限多次），这样就有了对 T 越来越多的解释 $\langle T_i^+, T_i^- \rangle$，它们不仅"扩充"了前面的解释，而且保留了已有的解释。如果一个语句在层级 i 是真的，那么我们希望它在下一层级 $i+1$ 仍然是真的且其哥德尔数属于 T_{i+1}^+，

---

① 参见 [Gup01]，p. 95。

并一直保持下去；类似地，如果一个语句在层级i是假的，那么我们希望它在下一层级$i+1$仍然是假的且其哥德尔数属于T_{i+1}^+，并一直保持下去，最终达到"逼近"真谓词的目的。跳跃算子的作用就是跳过层层语言到达一个拥有真谓词的语言中。令$\langle T_i^+, T_i^-\rangle = T_i$为谓词$T$在层级$i$时的赋值，$J(T_i)$为跳跃算子$J$对$\langle T_i^+, T_i^-\rangle$所给出的值，我们的最终目的是跳到一个解释$\langle T_{ik}^+, T_{ik}^-\rangle$上使得$\langle T_{ik}^+, T_{ik}^-\rangle = J\langle T_{ik}^+, T_{ik}^-\rangle$ $(=\langle T_{ik+1}^+, T_{ik+1}^-\rangle)$。

Kripke强克林模式下"最小不动点"的存在性就是通过如上方式的迭代构造进行的。迭代构造建立的关于真谓词T的解释如下：在开始阶段，即0阶段，T的解释是$\langle \phi, \phi \rangle$，函数$\langle \phi, \phi \rangle$对该论域中的每一个元素都指派值$\frac{1}{2}$，这形象地表示了我们在最初阶段对$T$的外延和反外延的忽视。尽管存在这个忽视，但也能够判定在该解释下哪些命题为真，哪些命题为假。

接下来定义一个"跳跃算子"：如果T在阶段i被解释为$\langle T_i^+, T_i^-\rangle$，那么在下一阶段$i+1$中，就被解释为$\langle T_{i+1}^+, T_{i+1}^-\rangle$，值得注意的是，$T_{i+1}^+$包含所有在前一阶段$i$中为真的句子（的哥德尔数），$T_{I+1}^-$包含在前一阶段$i$中为假的所有语句（的哥德尔数）。相应地，我们定义跳跃算子J如下：

$$J\langle T_i^+, T_i^-\rangle = \langle T_{i+1}^+, T_{i+1}^-\rangle$$

其中，T_{i+1}^+为所有在$M^+\langle T_i^+, T_i^-\rangle$的模型中为真的句子（的哥德尔数）的集合，而$T_{i+1}^-$为所有在$M^+\langle T_i^+, T_i^-\rangle$的模型中为假的句子（的哥德尔数）的集合。跳跃算子产生了一系列保留了先前信息的（因单调性）越来越丰富的解释，可以延伸到超限的一个序列过程：

$$\langle T_0^+, T_0^- \rangle, \langle T_1^+, T_1^- \rangle, \cdots, \langle T_j^+, T_j^- \rangle, \cdots$$

通过超限递归，定义$\langle T_j^+, T_j^- \rangle$如下：

基础阶段：当$j=0$时，$\langle T_j^+, T_j^- \rangle = \langle \phi, \phi \rangle$；

后续点（successor）阶段：当$j=i+1$时，$\langle T_j^+, T_j^- \rangle = J \langle T_i^+, T_i^- \rangle$；

极限（limit）阶段：当j为极限阶段时，$\langle T_j^+, T_j^- \rangle = \langle \cup_{i<j} T_i^+, \cup_{i<j} T_i^- \rangle$。

如果到了$\langle T_\kappa^+, T_\kappa^- \rangle$之后，跳跃算子$J$对它的任意迭代都将保持不动，那么，超限序列就到了可以找到所欲寻求的真谓词的阶段，我们也就得到了跳跃算子的不动点：

$$\langle T_\kappa^+, T_\kappa^- \rangle = \langle T_{\kappa+1}^+, T_{\kappa+1}^- \rangle = J \langle T_\kappa^+, T_\kappa^- \rangle$$

像上述$\langle T_\kappa^+, T_\kappa^- \rangle$（或之后任何的$\langle T_j^+, T_j^- \rangle$（$j>\kappa$））这样的解释，就叫一个不动点（fixed-point）解释。Kripke 的归纳构造过程表明至少存在一个不动点。事实上，我们可以进一步证明：跳跃算子J有不止一个不动点，而在它所有的不动点中，$\langle T_\kappa^+, T_\kappa^- \rangle$是其中最小的一个不动点；换句话说，对于任何$J$的其他不动点$\langle T_j^+, T_j^- \rangle$来说，$T_\kappa^+ \subseteq T_j^+$，并且$T_\kappa^- \subseteq T_j^-$。

在最小的不动点解释下，语言$\mathcal{L}_\kappa$中的有些语句为真，有些语句则为假，但也有一些语句被指派为既不为真也不为假的第三值$\frac{1}{2}$。任给$\mathcal{L}_\kappa$中的一个语句φ，Kripke 称语句φ为"有根性的"，当且仅当它在最小不动点上有真假值 1 或 0；否则，则称之为"无根性的"。直观上，在最小不动点的解释之下，真谓词符 T 的外延包括了一切描述了非语义事实的语句及由这些语句和 Tarski-等值式可以推导出来的语句；而真谓词符 T 的反外延则包括了一切描述非语义的、非事实的语句及由这些语句和 Tarski-等值式可以推导出来的语句；因而，它们在直观上都是"有根性的"的语句。有根性的语句的真或假可以追溯到某些有根性的模型中某些"非语义的"事实。但对于说谎者悖论来说，这种追溯是失败的，因此，它是"无根性的"语句。只有当一个语句是有根性的时，它才有真假可言；一个"无根性的"语句，是没有真假可言的，它的真值落在真假之空缺中。

一般来说，所有含有真值谓词的悖论性语句都是"无根性的"，但并非所有无根性语句都是悖论性的。说真话者语句并不导致任何悖论，但它是"无根性的"，因为我们无法找到另一个不含真值谓词的非语义事实的语句来确定其真值。悖论性语句作为"无根性的"语句的一种特殊情况，既不真也不假，从而使得悖论无从产生。

不动点的存在性表明为了能够一致性地谈论某个语言中的语句是否为真，我们并非总是需要使用一个较该语言更为丰富的，或在层级上更高的元语言不可；一个像 $\mathcal{L}_\kappa$ 这样的三值语言便可以一致地包含自身的真谓词，而不必然导致矛盾。

第四节 结论与问题

Kripke 对真谓词的形式刻画实际上是真谓词在一种动态层级上的归纳构造，他从一个经过解释的可表达自身句法的经典一阶语言 $\mathcal{L}$ 出发，通过增加一个一元真谓词符 T 构成一个形式语言 $\mathcal{L}_\kappa$。在开始阶段 $\mathcal{L}_\kappa^0$ 中，T 被解释为完全不真于也不假于任何事物，所以，

$\mathcal{L}_\kappa^0$中带有真谓词符 T 的语句都是无真假的；$\mathcal{L}_\kappa^0$ 中复合语句的真值则是根据强克林三值逻辑的赋值过程来确定的。这样不用知道 T 是什么就能确定所有不含 T 语句的真假。然后把 T 的解释扩大，规定 T 对于 $\mathcal{L}_\kappa^0$ 中所有的真语句（的哥德尔数）成立，对于 $\mathcal{L}_\kappa^0$ 中的假语句（的哥德尔数）或不是 $\mathcal{L}_\kappa^0$ 中的语句（的哥德尔数的自然数）不成立。于是，我们就到了阶段 $\mathcal{L}_\kappa^1$，继而我们可以用 T 的新解释确定更多的语句的真假，并上升到阶段 $\mathcal{L}_\kappa^2$。如此下去，使得一定时期内 T 的外延和反外延不断扩大，但这个过程并非没有止境，必然会到达一个阶段，在该阶段中，T 的解释不能再继续扩大，我们称这样的阶段为不动点存在的阶段。

到了不动点阶段，我们就能严格地区分包含真谓词符的语句了，诸如说谎者和说真话者这样的语句存在的问题在不动点上能够被很好地显示出来。Kripke 称一个语句是悖论性的，当且仅当它在任何一个不动点上都没有真值 1 或 0。根据这一定义，说谎者语句就是悖论性的；与说谎者不同，说真话者可以一致地被看作或者是真的、假的或者是不真不假的，并且这种不同可以在不动点上反映出来。事实上，存在一个不动点，说真话者在该点上是真的，并且存在另一个不动点，说真话者在其上是假的或不真不假的。

Kripke 的主要创新是把真看作偏序谓词：它不仅有外延，而且有反外延，外延和反外延是互相排斥的，它们不一定要穷尽论域中的元素。当然，正如所希望的那样，强克林赋值模式下的解释不能使得所有的语句或者在真谓词的外延中或者在真谓词的反外延中，像说谎者语句、说真话者语句等，相对于该模型，就被指派为既不真也不假的第三值。

Kripke 的强克林不动点理论的重要性在于：它不仅证明了对于一个像 $\mathcal{L}_\kappa$ 这样的强克林语言来说，能够将真谓词符 T 解释成 $\mathcal{L}_\kappa$ 的真谓词，而且向我们表明了这样的解释是如何构造起来的。[①]

Kripke 的理论基本上达到了其预想的目标：一个三值的丰富的语言能够一致性地包含自身的真谓词，并使得 A 和 $T\langle A\rangle$ 具有相互替代性。但其缺陷也很明显：

首先，它难以处理强化的说谎者悖论：

(λ)：或者（λ）既不真又不假，或者（λ）是假的。

对于上述这个强化的说谎者语句，如果我们在 Kripke 的强克林语言中加入一个"在 $\mathcal{L}_\kappa$ 中既不真也不假"的谓词"N"，那么，我们便可以从无懈可击的前提出发，通过高度合理的推理，却推出了矛盾。因此，虽然语言 $\mathcal{L}_\kappa$ 中包含自身的真谓词，但却不能包含"在 $\mathcal{L}_\kappa$ 中既不真也不假"这样的谓词，否则就会产生如上这样的强化的说谎者悖论。正如 van Fraassen 所说，"强化的说谎者悖论是特地为那些不受二值约束的开明哲学家设计的"。

其次，Kripke 在《真理论纲要》[Kri75] 一文中明确表明，希望他所提出的方案符合"重要直观"，按照这个观点，如下语句：

$$\forall x \neg (T(x) \wedge \neg T(x))$$

就应该是真的（因为它表达了经典的逻辑规则"没有语句是既真又假的"）。可是根据基础弗完全方案中对不动点上语句的区分，该语句在 $\mathcal{L}_\kappa$ 的任何不动点上都没有真值，因此，它是悖论性的，处于真值空缺之中。这样的结论让我们觉得难以接受，因为它违反了一个

[①] 相比较而言，Martin 和 Woodruff [MW75] 虽然也指出了这样的解释是可能的，但他们却没有说明这如何可能。

根本性的重要直观。[1]

再次，对于一个像 $\mathcal{L}_\kappa$ 这样的具有不动点解释的三值语言来说，关于对象语言与元语言的区分似乎仍然是无法避免的。例如，说谎者语句（λ）在 $\mathcal{L}_\kappa$ 的任何一个不动点的解释中都是一个既不真也不假的语句，这是保持该理论一致性的关键。但值得我们注意的是，这个事实却无法在对象语言中表达，只能在元语言中表达。

最后，也是最重要的一条是，它缺少一个满足规则 MP 在强克林三值逻辑中是有效的推论规则 $\models A \supset A$ 的"良好的条件句"联结词。如果我们将 $T\langle A\rangle \leftrightarrow A$ 定义为 $(T\langle A\rangle \supset A) \wedge (A \supset T\langle A\rangle)$，那么，我们将很容易证明：并不是每一个具有 $T\langle A\rangle \leftrightarrow A$ 这种形式的语句在最小的不定点解释下都具有指派值 1。

Kripke 的基础弗完全方案以语言封闭性为基础，为真理论悖论的解决开辟了一个很好的方向。鉴于其存在的缺陷，一个自然的想法是扩充强克林系统 $\mathcal{L}_\kappa$ 使其具有一个良好的条件句。可是，一旦在理论中添加一个良好的条件句，很容易导致另一个难以克服的问题——Curry 悖论，所以，构建一个这样的理论并非易事。

最近，一个重要的完善 Kripke 的理论，使其带有良好条件句联结词的工作是 Field［Fie08b］。因其工作比 Kripke 的更深入一步，我们称之为带良好条件句的高级弗完全理论。

---

[1] Gupta 在 1982 年的论文《真与悖论》中曾对此做了严格而清晰的分析。参见［Gup82］，pp. 175-235。

第四章　高级的弗完全理论

本章共分 4 节，第一节概述了高级弗完全理论的产生与发展；第二节讨论了 Field 的带良好条件句的高级弗完全系统的形式构造；第三节具体分析了良好的条件句所具有的特性，以及为避免 Curry 悖论的产生，良好的条件句又不得不放弃哪些自然的性质；最后一节是对本章的总结。

第一节　理论的产生与发展

本节我们首先对高级弗完全理论的创始人 Field 做一简要介绍，然后对该理论的产生和发展及当前的研究状况做一论述。

一　Field 简介

Hartry Field 于 1946 年出生于美国波士顿，本科毕业于 Wisconsin 大学，获数学学士学位，在 Harvard 大学先后获得硕士学位和哲学博士学位。目前是纽约大学哲学讲座教授，主要研究领域有形而上学、数学哲学、逻辑哲学和科学哲学。曾获多项奖励，如国家科学基金会研究员基金、国家人文学科捐助研究员基金及 Guggenheim 基金会研究员基金。代表作有《没有数的科学——对唯名论的一种辩护》（Blackwell，1980）（1986 年获"Lakatos 奖"）、《实在论、数学和模态》(Blackwell,1989)、《真理和事实的缺席》(Oxford,2001)及 2008 年最新出版的《从悖论中拯救真》。2003 年被选为美国文理科学院院士。[①] Field 在哲学的许多领域中都做出了重要贡献,其最重要的工作集中在数学哲学领域,以及与实在论和真相关的各种议题上,当前的研究兴趣包括客观性和非确定性、先验知识,以及真与悖论的研究。

Field 于 1972 年发表著名论文《Tarski 的真理论》,这是他在关于真的论题上最早的工作。该文产生了很大影响,已被编入多种论文集中。近年来,Field 把对真概念的探索扩展到对悖论的系统研究上,我们本章所讨论的就是他最近几年的一些研究成果,这些研究成果把对真理论悖论的研究又向前大大推进了一步。

二 Field 的高级弗完全理论的产生与发展

Field 自 2002 年以来发表了一系列关于真理论悖论的论文,包括《从悖论中拯救真模式》[Fie02]、《没有报复的语义悖论解决方案》[Fie03a]、《语义悖论和模糊悖论》[Fie03b]、《解决悖论,避免报复》[Fie03c]及《真和一致的不可证明性》[Fie06]等,2008 年出版了专著《从悖论中拯救真》[Fie08b]。在这些论文和著作中,他提出了一个创新性的、强大的和精确技术化的处理真理论悖论的方案。《从悖论中拯救真模式》[Fie02] 一文是 Field 用良好条件句扩充 Kripke 基础弗完全理论的首次尝试,取得了一些可喜的成果:它给出了真理论算术化标准模型的形式构造,不仅保持了 Kripke 的强克林不动点理论中的相互替代性原则,而且使得 Tarski-等值式 $T\langle A\rangle \leftrightarrow A$ 成立,即素朴的真理论在其中是一致的;不足之处是在排中律对于条件句的前件和后件都成立的语境中,该理论中

---

① 参见 Field 个人网页 http://philosophy.fas.nyu.edu/object/hartryfield.html。

第四章 高级的弗完全理论

的新条件句→不能归约为实质蕴涵条件句⊃，这就导致了一些反直观的结果；①《没有报复的语义悖论解决方案》［Fie03a］是 Field 用良好的条件句扩充 Kripke 的强克林不动点理论来解决真理论悖论的第二次尝试，它解决了上文中存在的主要问题，也就是说，在排中律对于条件句的前件和后件都成立的语境中，该理论中的条件句→可以归约为实质蕴涵条件句⊃，并且该逻辑同时具有表明经典逻辑中导致悖论的说谎者语句是有缺陷的资源；在其中，不受限制的 Tarski-等值式是成立的，对象语言能够包含自身的元语言，同时避免了悖论的报复；②在《语义悖论和模糊悖论》［Fie03b］中，Field 论证了对语义悖论和模糊性悖论的充分处理需要借助带有某些特征的非经典逻辑（弱化经典逻辑、限制排中律的使用等）；③《解决悖论，避免报复》［Fie03c］分析了满足自由类的理论；④《真和一致的不可证明性》［Fie06］指出，人们通常认为通过归纳论证所有的定理都是真的和推理规则具有保真性可以证明一个数学理论的一致性，Gödel 第二不完全性定理表明任何这样的论证必然是失败的，但它是如何失败的取决于构成该理论的真理论的种类。该文概览了构成这样的各种真理论的可能性，同时表明有些真理论可以比其他的真理论做出更加直观的诊断，然后根据有效性的性质，得出结论：数学理论是无限可扩充的。⑤以上这些论文初步形成弗完全理论的雏形。

Field 在 2008 年出版的专著《从悖论中拯救真》一书中，整合了上述研究成果，这和他早期的一系列论文有着共同的基础，但并不是这些论文的简单聚集；相反，这是 Field 重新写的一本书，告诉读者

---

① 参见［Fie02］，pp. 1–27。
② 参见［Fie03a］，pp. 1–33。
③ 参见［Fie03b］，pp. 262–311。
④ 参见［Fie03c］，pp. 78–144。
⑤ 参见［Fie06］，pp. 567–605。

很多包含在论文中的技术结果，而没有确切地给出技术性细节。在书中，Field 基于 Kripke 的强克林不动点理论引入一个良好的条件句，定义了一个"更强的真"，发展出了一个一致性的，满足实质良好性的，比 Kripke 的强克林不动点语言 $\mathcal{L}_\kappa$ 更具有表达力，同时还有着不动点解释的真理论。他给这样的语言提供了两种语义论：限制性的语义论（restricted semantics）和一般的语义论（general semantics）。

在书中，Field 对真理论悖论及其相关议题做了大胆的探索，偶尔也触及了模糊性、有效性的性质及哥德尔不完全性定理等的论题。大部分内容都是作者原创性的贡献，但也对其他竞争性的方案给出了系统、详细的比较，包括 Tarski 分层理论、Kripke 不动点理论、Lukasiewicz 连续统值理论、经典空缺理论、超赋值理论、修正理论、情境理论和弗一致的双面理论。可以说，形式语义领域有影响的工作，至少与 Field 观点密切的工作，都充分地考察了。有人认为，这是自 Tarski 1936 年发表《形式化语言中的真概念》一文以来非常引人注目的著作之一（也许说最引人注目的著作都不为过）。[1] 但作者并不是以含糊不清的态度，而是带有明显个人倾向性。Field 在大量议题上都尝试比较了该理论的优越性，并反驳了任何消解悖论的方案都不可避免地受到"报复问题"这一观点。他所提倡的方案，采用了三值的非经典逻辑，限制排中律的使用：即 $\models A \vee \neg A$。（这不同于直观主义逻辑，直观主义逻辑没有避免悖论的出现，并且有很多不自然的特征；由于它包含一个新的条件句，因此，比我们最熟悉的关于悖论的逻辑——Kripke 的强克林逻辑更强大。）正是在这个意义上，他的理论被称为弗完全理论。

该书的第一部分，给读者提供了相关的背景知识，考察了 Tarski、Kripke 和 Lukasiewicz 的真理论，尤其是细致地探讨了 Tarski-定

---

[1] 参见 [Sch10]，p.1。

第四章 高级的弗完全理论

理、Gödel 对角线引理和 Kripke 不动点构造，指出乌卡谢维茨连续统值语义学对整个真理论方案的产生具有关键作用。同时也讨论了有效性、可靠性和模糊性等概念。表明整本书的主要目的是得到一个真理论，在该理论中真谓词具有相互替代性。所谓真谓词具有相互替代性是指如下相互替代性原则成立：

如果 C 和 D 是相同的，除了一个含有语句"A"，而另一个则含有"$\langle A \rangle$ 是真的"，那么（在一些透明的语境中）我们可以合乎逻辑地从 C 推出 D，从 D 推出 C。

他认为：如果真谓词不遵从相互替代性原则，那么真谓词不能发挥它们作为推广工具的固有作用。对真谓词的相互替代性原则的讨论贯穿了整个部分，乃至整本书，论述得清楚、易懂和深刻。

该书的第二部分考察并批判了处理悖论的经典方法。这些方法基于经典逻辑，但要求弱化真的原则，它们把 Tarski-等值式分成了两部分：

真的引入规则：$A \rightarrow T\langle A \rangle$
真的消去规则：$T\langle A \rangle \rightarrow A$

也就是说，它们必须至少拒斥 Tarski-等值式（$A \leftrightarrow T\langle A \rangle$）的一些例示。Field 认为 A 和 $T\langle A \rangle$ 不能合乎逻辑地相互替代是最严重的失败。

上述两部分内容对当代真理论悖论研究的重要方面提供了一个概览，但也为进一步表明 Field 自身的观点打下了基础。[①]

该书的第三部分讨论了非经典的真理论，即 Field 关于真理论悖论的高级弗完全理论，并给出了 Field 所提倡的逻辑系统。这一

---

① 参见 [Fie08b]，pp. 228–231。

部分是整本书的核心，其中，第 15 章设定了他的理论目标：满足 Tarski-等值式和相互替代性原则，同时拒斥排中律的非经典理论。并概略地叙述了他的语义框架，在该语义框架下，能够定义一个确定性算子，确定性算子可以叠置，直至超限，不会坍塌。第 16 章考察了产生出他所提倡的逻辑的一些方式，最终停留在他所希望的模型理论上，借助修正理论的策略，通过对序列的归纳定义了一个合适的条件句。第 17 章给出了主要的技术构造，把上述语义转换成了代数语义，其赋值是从序列到 $\{1, 0, \frac{1}{2}\}$ 的某些函数。该系统是在 Kripke 强克林理论的基础上引进一个新的二元条件句联结词 →，限制排中律的使用，当然，在遵从排中律的语境中，新增加的条件句联结词→与经典逻辑中的实质条件句联结词具有同样的行为模式。并证明了这样的语言不仅仍然会有一个不动点解释，而且同时满足素朴的真理论。而素朴的真理论至少由两方面构成，首先，Tarski-等值式（$T\langle A\rangle \leftrightarrow A$）成立；其次，$T\langle A\rangle$ 和 A 在任何非隐晦的语境中都是可以相互替代的。[1]

在第四部分，是对弗完全方案的拓展考察。这些理论被扩展到性质理论悖论和各种各样的其他悖论，并且还讨论了有关理解有效性观念的一些问题；广义悖论，包括确定性的真的观念，得到了非常彻底的处理，并评述了这些理论所导致的"报复问题"的大量论证，所谓"悖论的报复"，即一种悖论解决方案在消解某些悖论时，会导致新的悖论出现。

该书的第五部分考察了另外一种重要的处理悖论的非经典方法——弗一致的双面真理论（Paraconsistent Dialetheist Theory of Truth）（我们可简单称其为双面论），它并不是去限制排中律，而

---

[1] 参见 [Fie04b]，p. 5。

是转而接受某些矛盾，主张有些矛盾为真，但把矛盾限制在该语言的某些相对边缘的部分，不让其扩散。Field 认识到，他的理论和双面论有一个共同的特点，即都是弱于经典逻辑的理论；但在这一部分中他重点强调了二者不同的方面。双面论的提倡者们曾经论证，在处理不完全性定理和避免悖论的报复相关的问题上，他们的理论要胜过限制排中律的理论。Field 反驳说，双面论者关于其理论优越性的断言是相当没有根据的，相反，在处理其中某些问题时，所有现成版本的双面论实质上要比最好的限制排中律的理论糟糕得多。他提出了一些有挑战性的问题，值得双面论者认真思考。

Field 提出的全新的处理真理论悖论的方案，与其著名的"真之紧缩论"（deflationism）相得益彰，它们一起为真的性质和逻辑提供了一个统一的观点。可以说，这是自 Tarski 的语言层级理论和 Kripke 的不动点理论之后，又一里程碑式的解悖方案。

第二节　带良好条件句的形式系统

令 $\mathcal{L}_{\rightarrow}$ 表示 Field 的高级弗完全系统，它是在基础的弗完全理论系统 $\mathcal{L}_K$ 的基础上增加一个良好的二元条件句联结词→形成的。[①]

所谓"良好的（suitable）条件句"，是指至少满足以下几个条件的条件句：

（1）同一律（ID）成立，即 $A \rightarrow A$ 对任何语句 A 都是有效的；

（2）分离规则（MPP）成立，即从 A 和 $A \rightarrow B$ 得出 B 是有效的。

[①] 参见 [Fie03a]，p.3。

（3）为了避免 Curry 悖论的产生，各种形式的收缩规则（CR）是无效的。①

我们可能还会强加一些其他的限制，例如，等值的相互替代性等。但以上的条件是一个良好的条件句至少应该具备的特征。

如前所述，Field 的目的是扩充强克林逻辑，在保持相互替代性原则成立的情况下，使得同一律（$A \rightarrow A$）、Tarski-等值式（$T\langle A\rangle \leftrightarrow A$）及 $\forall x (T(x) \rightarrow T(x))$ 等合乎直观的规则成立。同时，定义一个确定性算子 D，$DA_{df} =$ "$A \wedge \neg (A \rightarrow \neg A)$"，② 使得像说谎者这样的"在不动点的解释中既不（确定性）真也不（确定性）假"的语句不仅可以在理论中表达，而且实际上为真。

如前所述，Field 给系统 $\mathcal{L}_\rightarrow$ 提供了两种语义论：限制性的语义论（restricted semantics）和一般的语义论（general semantics）。如何用一个良好的条件句扩充 Kripke 的构造——Field 称之为"限制性语义论"；对于条件句更加推广了的情景的讨论——Field 称之为"一般的语义论"。事实上，我们可以把限制性的语义论看作一般的语义论的特殊情况。③ 接下来，我们分别对两种语义论一一进行探讨。

一 限制性语义论

首先来看语形。所有由真谓词符 T 和底语言④中的谓词及个体

---

① 参见 [Bea08b], p. 5。
② DA 表示的是"A 为真并且并非如果 A 为真，那么 A 就不为真"。像说谎者这样的句子表示的是"如果 A 为真，那么 A 就不为真"，因此，DA 的直观想法就是如果 A 为真，但又不是像说谎者这样的句子，那么 DA 的语义值就为真。它是可以通过非语义事实来解释的"有根"的真句子。
③ 参见 [Fie03b], p. 292。
④ 经典的一阶语言 $\mathcal{L}$ 是 Kripke 强克林不动点理论的底语言，这里它同样是 Field 的高级弗完全理论的底语言。

项所构成的公式都是原子公式。自由变元以通常的方式定义，特别地，A 和 B 中的自由变元在 $A \to B$ 中也是自由的。[①] 其他句法规则和前一章 Kripke 强克林不动点系统 $\mathcal{L}_\kappa$ 规定的句法规则相同，但我们增加了"$A \to B$"这样的复杂句。

在语义方面，$\mathcal{L}_\to$ 的最终模型 $M_\to$ 仍如先前的 $\mathcal{L}_\kappa$ 那样规定，由论域 D 和解释 I 两部分组成，其论域 D 里包括了 $\mathcal{L}_\to$ 中的所有语句。I 将每一个 $\mathcal{L}_\to$ 语句的标准名称解释为指称该语句，将"λ"、"η"、和"k"这三个个体常项解释为分别指称"$\neg T\langle \lambda \rangle$"、"$T\langle \eta \rangle$"、"$T\langle k \rangle \to \bot$"这三个语句。Field 的限制性语义论是以递归的方式逐步去建构最终模型 $M_\to$。为了建构这个最终的模型，我们一开始规定 v_0 是从所有的条件句到 $\{\frac{1}{2}\}$ 的函数，并将之作为对所有条件句的赋值。对于其他不含新增加的条件句联结词 $\to$ 部分，其解释和基础的弗完全理论的解释相同，但对于后续如何给新增加的条件句赋值，则是我们要着重说明的地方。

1. 定义（起初的赋值规则）

（1）对于任意形如 $A \to B$ 的条件句，其语义值等于 $v_0(A \to B)$；

（2）在模型 $M_\to$ 中，如果词项 $t_1, \cdots, t_n$ 分别指称论域中的元素 $d_1, \cdots, d_n$，那么，$P(t_1, \cdots, t_n)$ 在 $M_\to$ 中的语义值就是 $I(P)(d_1, \cdots, d_n)$，由此可得，$P(t_1, \cdots, t_n)$ 在 $M_\to$ 中的语义值是 1，当且仅当序列 $\langle d_1, \cdots, d_n \rangle$ 属于 P 的外延 P^+；同理，$P(t_1, \cdots, t_n)$ 在 $M_\to$ 中的语义值是 0，当且仅当序列 $\langle d_1, \cdots, d_n \rangle$ 属于 P 的反外延 P^-；否则，$P(t_1, \cdots, t_n)$ 在 $M_\to$ 中的语义值是 $\frac{1}{2}$。

（3）由真值函项联结词所形成的复合语句，以如下的方式决

[①] 参见 [Fie03a]，p.3；又参见 [Pri10]，p.112。

定各种语句的语义赋值情况（在下面关于"¬"、"∧"和"→"的三个真值表中，最左边一列代表的是该复合语句左边语句的语义值，最上方一横列代表的是该复合语句右边语句的语义值）：

否定：

¬	
1	0
$\frac{1}{2}$	$\frac{1}{2}$
0	1

合取：

∧	1	$\frac{1}{2}$	0
1	1	$\frac{1}{2}$	0
$\frac{1}{2}$	$\frac{1}{2}$	$\frac{1}{2}$	0
0	0	0	0

蕴涵：

→	1	$\frac{1}{2}$	0
1	1	$\frac{1}{2}$	0
$\frac{1}{2}$	1	$\frac{1}{2}$	$\frac{1}{2}$
0	1	1	1

（4）对于包含量词的语句，例如 ∀(x)φ(x) 的语义值是 1，当且仅当"φ(x)"对于论域中所有的元素都是真的；∀(x)φ(x) 的语义值是 0，当且仅当"φ(x)"对于论域中至少存在一个元素是假的；否则，∀(x)φ(x) 的语义值是 $\frac{1}{2}$。[①]

这里要指出的是，虽然新增加的条件句和经典的实质蕴涵条件句不同，但 Field 最终模型的目标是：在排中律对条件句的前件和后件都成立的语境中，它们具有同样的行为模式。

Field 限制性语义论的基本思想是一开始先暂时把条件句看作推广了的原子公式。从某个模型的某个解释出发，但将条件句都依 v_0 解释为 $\frac{1}{2}$，然后按照 Kripke 的构造方式，用强克林不动点 P^0 来解释该语言，并因而对所有的语句（包含所有的条件句）都指派 {1, 0,

---

[①] 参见 [Fie03b], p.272。

$\frac{1}{2}$} 中的元素;① 然后,我们根据这个不动点 P^0 中各语句得到的语义值及本节 2. 定义中的方式,重新赋值给所有的条件句(称此赋值方式为 v_1),然后再重新按照 Kripke 的构造方式,用强克林不动点 P^1 来解释该语言,并因而指派赋值给包含真谓词和条件句的任意语句;然后,我们再根据这个不动点 P^1 中各语句得到的语义值及本节 2. 定义中的方式,重新赋值给条件句(称此赋值方式为 v_2),然后重新按照 Kripke 的构造方式,用强克林不动点 P^2 来解释该语言,并因而指派赋值给包含真谓词和条件句的任意语句;然后……这足以建立一个无限长的修正序列。事实上,该理论是把 Kripke 1975 年强克林不动点理论的思想 [Kri75] 和 Herzberger 与 Gupta 的修正理论 [Her82] 及 [GB93] 以一种创新性的方式结合了起来。② 如下图:

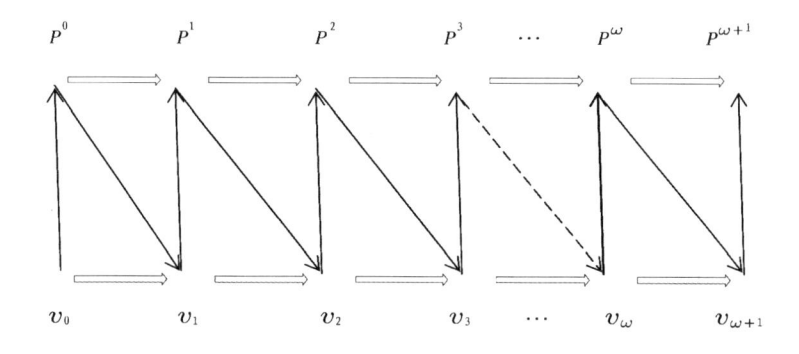

其中,上指的单线箭头"→"表示不定点的构造,向右下方斜指的单线箭头表示对条件句形成新的赋值,而双线箭头"⇒"则表示修正序列。

我们先用非形式化的语言概述一下限制性语义论对其中任一语句

---

① 参见 [Fie03b],p. 271。
② 参见 [Bea09],p. 83。

的赋值过程，尤其是对条件句的赋值及修正过程：从赋值 v_0 出发，按照 Kripke 的方式到达最小不动点，然后利用这个不动点再来重新对条件句赋值。重新对条件句做出赋值时，我们看这个不动点分别对条件句的前件和后件是如何赋值的，然后再根据一定的规则（见本节 2. 定义）重新对条件句做出赋值。一旦对条件句重新做出了赋值，我们便可以从这个赋值出发，来寻找整个语言的下一个不动点。我们再利用这个不动点对条件句的前件和后件所赋的语义值，来重新决定每一个条件句的语义值，这个过程可以一直继续下去。这样，后续阶段中不动点的解释就可以根据前一阶段中不动点的解释来确定。

对于一个条件句在极限阶段的赋值，要看在这之前有没有从哪个阶段开始，在不动点的解释中，前件的值一直小于或等于（或大于）后件的值，如果从某个阶段开始，前件的值一直小于或等于（或大于）后件的值，那么，该语句在极限阶段的值就是 1（或 0）；否则，就是 $\frac{1}{2}$。

对于一个语句的最终的赋值是什么，要看从某个不动点解释开始，它的值是否一直是 1（或 0），如果从某个不动点开始，它的值一直是 1（或 0），那么该语句的最终赋值就是 1（或 0）；否则，就是 $\frac{1}{2}$。

我们知道，在 Kripke 不动点的构造过程中，一个句子在某一阶段一旦为真（假），就会一直为真（假）；从外延和反外延的角度看，为真的句子就会一直在真谓词 T 的外延中而不会出去，为假的句子就会一直在真谓词 T 的反外延中而不会出去。也就是说，每一个后继解释都比先前的解释包含了关于什么是真的更加充分的陈述，后继的解释扩充了真谓词 T 的外延和反外延。这样，为真的句子会越来越多，为假的句子也会越来越多，直到达到不动点为止。

注意，对条件句赋值修正过程与不动点的构造不同，因为对于修正序列来说，在这个阶段为真的句子，到了下个阶段有可能为假；在这个阶段为假的句子，到了下个阶段有可能为真。

从形式化的角度来说，按照上述方式构造出来的不动点之间的关系是这样的：每一个不动点 $P^κ$ 都是由某个起始的赋值 $v_κ$ 构造出来的，而每个起始点 $v_κ$ 如何对条件句加以赋值，则视它之前的不动点如何对语句加以赋值而定。事实上，我们可以递归地定义一个赋值和 Kripke 不动点模型的超限序列。

2. 定义（条件句在不动点上的赋值规则）

$v_0, v_1, \cdots, v_ω, \cdots$ 这些起始点对于条件句的赋值是按如下方式决定的：[1]

基础阶段：对于所有的 φ 及 ψ 来说，$v_0(\varphi \to \psi) = \frac{1}{2}$。

后续点阶段：在这个阶段，我们看它之前的 Kripke 的不动点是如何赋值的：

$$v_{k+1}(\varphi \to \psi) = \begin{cases} 1, & \text{如果 } P^κ(\varphi) \leq P^κ(\psi); \\ 0, & \text{否则。} \end{cases}$$

极限阶段：在极限 l 阶段，我们看它之前所有的 Kripke 不动点是如何赋值的：

$$v_l(\varphi \to \psi) = \begin{cases} 1, & \text{对于某些 } j<l \text{ 和任意的 } i, j<i<l, \text{ 如果 } P^i(\varphi) \leq P^i(\psi); \\ 0, & \text{对于某些 } j<l \text{ 和任意的 } i, j<i<l, \text{ 如果 } P^i(\varphi) > P^i(\psi); \\ \frac{1}{2}, & \text{否则。} \end{cases}$$

给定了一个这样的起始点 $v_κ$ 之后，我们便可以依据之前 Kripke 建构不动点的方法，从该起始点开始逐步地建构出一个对 $\mathcal{L}_\to$ 的不动点解释 $P^κ$。而一旦给定了这样的一个不动点解释 $P^κ$ 之后，我们

---

[1] 参见 [Fie03b], pp. 271–272；又参见 [Bea09], p. 84。

就可以依据上述的方法定义出下一个起始点 $v_{\kappa+1}$ 的赋值方法。我们可以不停地这样继续操作下去，以至无穷。由于这一序列的不动点解释对于许多语句的赋值并不完全相同，因此，我们定义一个在模型 $M_\rightarrow$ 中，对语句 φ 的"最终的"赋值（记为 $\|\varphi\|_{M_\rightarrow}$）如下：

3. 定义（语句的最终赋值规则）

对于任意的语句 φ 来说，在模型 $M_\rightarrow$ 中，如果有序数 j 是这样的：对于任何大于 j 的序数 i，φ 在其中的赋值都为 1（或 0），那么，$\|\varphi\|_{M_\rightarrow}$ 就等于 1（或 0）；否则，$\|\varphi\|_{M_\rightarrow}$ 就等于 $\frac{1}{2}$。[①]

4. 定理（条件句的最终赋值规则）

一个条件句的最终赋值则取决于它的前件和后件的最终赋值：[②]

(1) 当 $\|A\|_{M_\rightarrow} = 0$ 或 $\|B\|_{M_\rightarrow} = 1$ 时，$\|A \rightarrow B\|_{M_\rightarrow} = 1$（换句话说，只要 $\|A \supset B\|_{M_\rightarrow} = 1$，$\|A \rightarrow B\|_{M_\rightarrow} = 1$）。

(2) 当 $\|A\|_{M_\rightarrow} = 1$ 且 $\|B\|_{M_\rightarrow} = 0$ 时，$\|A \rightarrow B\|_{M_\rightarrow} = 0$（换句话说，只要 $\|A \supset B\|_{M_\rightarrow} = 0$，$\|A \rightarrow B\|_{M_\rightarrow} = 0$）。

(3) 当 $\|A \supset B\|_{M_\rightarrow} = \frac{1}{2}$ 时，

    (a) 当 $\|A\|_{M_\rightarrow} = 1$ 或 $\|B\|_{M_\rightarrow} = \frac{1}{2}$ 时，$\|A \rightarrow B\|_{M_\rightarrow} = 0$；

    (b) 当 $\|A\|_{M_\rightarrow} = \frac{1}{2}$ 或 $\|B\|_{M_\rightarrow} = 0$ 时，$\|A \rightarrow B\|_{M_\rightarrow} = 0$；

[①] 参见 [Fie08b]，pp. 251-252。
[②] 参见 [Fie08b]，pp. 252-253。

(c) 当 $\|A\|_{M\to} = \|B\|_{M\to} = \frac{1}{2}$ 时，$\|A\to B\|_{M\to} = \frac{1}{2}$。

（4）当 $\|A\leftrightarrow B\|_{M\to} = 1$ 时，$\|X_A \leftrightarrow X_B\|_{M\to} = 1$。[1]

以上我们讨论了 Field 的高级弗完全系统 $\mathcal{L}_\to$ 的限制性语义论，接下来通过一些具体的例子来看一下该系统中的语句是如何在该语义论中赋值的。

例 1. 形式系统 $\mathcal{L}_\to$ 中不含条件句联结词 → 的句子。

令 A 是一个这样的真句子。如下图：

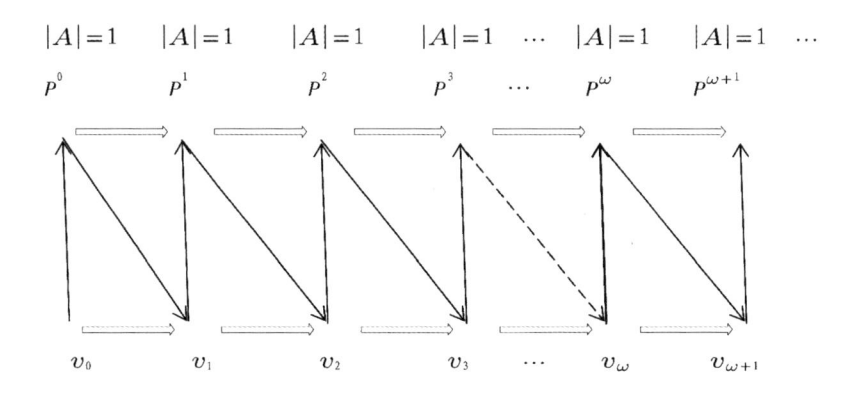

| $\|A\|=1$ | $\|A\|=1$ | $\|A\|=1$ | $\|A\|=1$ | ... | $\|A\|=1$ | $\|A\|=1$ | ... |
| P^0 | P^1 | P^2 | P^3 | ... | P^ω | $P^{\omega+1}$ | |

$v_0 \quad v_1 \quad v_2 \quad v_3 \quad \cdots \quad v_\omega \quad v_{\omega+1}$

∴ $\|A\|_{M\to} = 1$

赋值过程：从 v_0 出发，假设真语句的外延和反外延都是空集合，我们用 Kripke 的归纳构造法把所有不含条件句联结词 → 的真语句直接加到真谓词符 T 的外延集合中，由于 A 不含条件句联结

---

[1] 这被 Field 称为等值的相互替代性定理，A 和 B 是具有相同自由变元的任意公式，X_A 是包含 A 作为子公式的任意公式，X_B 是用 B 来替换 A 在 X_A 中一处或多处出现后的结果。参见 [Fie08b]，p. 253。

词→,因此,v_0 对 A 的赋值就是 1,再按照 Kripke 的赋值方式,可得,它在最小不动点的解释中的值是 1。当我们需要重新对条件句做出解释的时候,A 的值不用改变,因为 A 不是一个条件句。每一次不管你怎么解释条件句,A 一定会被加到真谓词符 T 的外延中去。因此,从最小不动点的解释开始,A 都在真谓词 T 的外延中,它的语义值都是 1,由此我们可以得出结论,它的最终赋值就是 1(因为如果从某个不动点开始,一个语句的值一直都是 1,那么,该语句的最终赋值就是 1。本节 3. 定义)。□①

对于 $\mathcal{L}_\rightarrow$ 中不含条件句联结词→的假句子,其赋值方式是类似的。

例 2.　　$\lambda = \neg\, T\langle \lambda \rangle$

如下图：

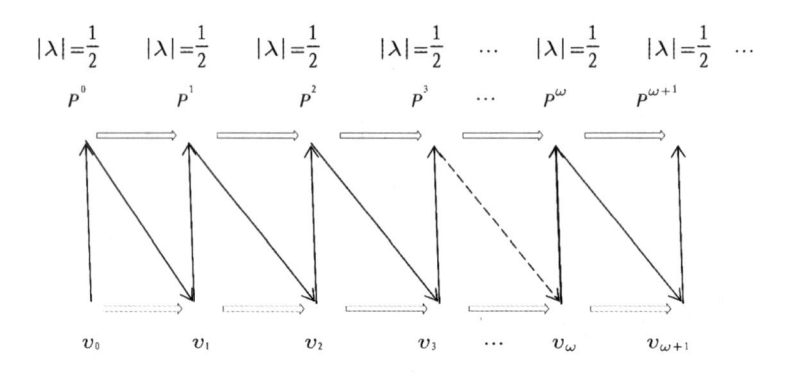

$|\lambda|=\frac{1}{2}$　$|\lambda|=\frac{1}{2}$　$|\lambda|=\frac{1}{2}$　$|\lambda|=\frac{1}{2}$　…　$|\lambda|=\frac{1}{2}$　$|\lambda|=\frac{1}{2}$　…

P^0　　P^1　　P^2　　P^3　　…　P^ω　　$P^{\omega+1}$

v_0　　v_1　　v_2　　v_3　　…　v_ω　　$v_{\omega+1}$

$$\therefore\ \|\neg\, T\langle \lambda \rangle\|_{M\rightarrow} = \frac{1}{2}$$

这是一个说谎者语句。从 v_0 出发,说谎者语句的语义值是 $\frac{1}{2}$,按

---

① 我们用 □ 来表示一个证明的结束。下同。

照 Kripke 的方式构造最小不动点时，我们要假设真谓词 T 的外延和反外延是两个空集合，而说谎者语句既不在真谓词 T 的外延集合中，也不在它的反外延集合中，这样在进入最小不动点时，说谎者语句的语义值还是 $\frac{1}{2}$。不管我们对条件句的值怎样修正，说谎者语句在任一不动点上的值都是 $\frac{1}{2}$。所以，说谎者语句的最终赋值就是 $\frac{1}{2}$。□

例 3. $A = DT\langle A\rangle \to \bot$

这是一个缩写的语句，$DT\langle A\rangle \to \bot = (T\langle A\rangle \land \neg (T\langle A\rangle \to \neg T\langle A\rangle)) \to \bot$，$DT\langle A\rangle$ 表达的是 $T\langle A\rangle$ 是一个真语句，并且是一个不同于说谎者这样的语句。令 $B = T\langle A\rangle \to \neg T\langle A\rangle$，如下图：

$\|B\|=\frac{1}{2}$	$\|B\|=1$	$\|B\|=1$	$\|B\|=0$	…	$\|B\|=\frac{1}{2}$	$\|B\|=1$	…
$\|A\|=\frac{1}{2}$	$\|A\|=0$	$\|A\|=1$	$\|A\|=1$	…	$\|A\|=\frac{1}{2}$	$\|A\|=0$	…
P^0	P^1	P^2	P^3	…	P^ω	$P^{\omega+1}$	

| v_0 | v_1 | v_2 | v_3 | … | v_ω | $v_{\omega+1}$ |

| $\|B\|=\frac{1}{2}$ | $\|B\|=1$ | $\|B\|=1$ | $\|B\|=0$ | … | $\|B\|=\frac{1}{2}$ | $\|B\|=1$ | … |
| $\|A\|=\frac{1}{2}$ | $\|A\|=0$ | $\|A\|=1$ | $\|A\|=1$ | … | $\|A\|=\frac{1}{2}$ | $\|A\|=0$ | … |

∴ $\|A\|_{M\to} = \frac{1}{2}$

赋值过程：我们从赋值 v_0 出发，因为 A、B 都是条件句，因此，v_0 对它们的赋值都是 $\frac{1}{2}$，再据 Kripke 式的构造法可得，在第一个不动点解释 P^0 中，A 和 B 的值都是 $\frac{1}{2}$。

由于 A 和 B 都是条件句，我们需要根据它们在前一个不动点中的值，通过修正获得它们在下一个赋值 v_1 处的值。由 A 在第一个不动点 P^0 中的值是 $\frac{1}{2}$，我们得，$T\langle A\rangle$ 在 v_1 处的赋值是 $\frac{1}{2}$，$\neg T\langle A\rangle$ 在 v_1 处的赋值也是 $\frac{1}{2}$，因此，$T\langle A\rangle \to \neg T\langle A\rangle$ 在 v_1 处的赋值就是 1（= $v_1(\frac{1}{2} \to \frac{1}{2})$），即 B 在 v_1 处的赋值是 1。由 B 在第一个不动点 P^0 中的值是 $\frac{1}{2}$，得，$\neg(T\langle A\rangle \to \neg T\langle A\rangle)$（即 $\neg B$）在 v_1 处的赋值也是 $\frac{1}{2}$，因此，$T\langle A\rangle \land \neg(T\langle A\rangle \to \neg T\langle A\rangle)$ 在 v_1 处的赋值就是 $\frac{1}{2}$，所以，$(T\langle A\rangle \land \neg(T\langle A\rangle \to \neg T\langle A\rangle)) \to \bot$ 在 v_1 处的赋值就是 0（前件大于后件），即 A 在 v_1 处的赋值是 0。再由 Kripke 的赋值方式得，A 和 B 在第二个不动点解释 P^1 中的语义值分别是 0 和 1。

由 A 和 B 在第二个不动点解释 P^1 中的值，我们来看下一个赋值 v_2 该如何对它们赋值。由 A 在第二个不动点 P^1 中的值是 0，因此，v_2 对 $T\langle A\rangle$ 的赋值也是 0，而对 $\neg T\langle A\rangle$ 的赋值就是 1，因此，$T\langle A\rangle \to \neg T\langle A\rangle$ 在 v_2 处的赋值就是 1（= $v_2(0 \to 1)$），即 B 在 v_2 处的赋值是 1。由 B 在第二个不动点 P^1 中的值是 1，因此，$\neg(T\langle A\rangle \to \neg T\langle A\rangle)$（即 $\neg B$）在 v_2 处的赋值就是 0，因此，$T\langle A\rangle \land \neg(T\langle A\rangle \to \neg T\langle A\rangle)$ 在 v_2 处的赋值是 0，所以，$(T\langle A\rangle \land \neg(T\langle A\rangle \to \neg T\langle A\rangle)) \to \bot$ 在

第四章 高级的弗完全理论

v_2 处的赋值就是 1（前件等于后件），即 A 在 v_2 处的赋值是 1。再据 Kripke 的赋值方式可得，A 和 B 在第三个不动点 P^2 解释中的值都是 1。

由 A 和 B 在第三个不动点解释 P^2 中的值，我们来看 A 和 B 在下一个赋值 v_3 处该如何赋值。由 A 在第三个不动点 P^2 中的值是 1，得，$T\langle A\rangle$ 在 v_3 处的赋值也是 1，$\neg T\langle A\rangle$ 在 v_3 处的赋值就是 0，因此，$T\langle A\rangle \rightarrow \neg T\langle A\rangle$ 在 v_3 处的赋值就是 0（$=v_3$ (1→0)），即 B 在 v_3 处的赋值是 0。由 B 在第二个不动点 P^2 中的值是 1，得，$\neg (T\langle A\rangle \rightarrow \neg T\langle A\rangle)$（即 $\neg B$）在 v_3 处的赋值就是 0，因此，$T\langle A\rangle \wedge \neg (T\langle A\rangle \rightarrow \neg T\langle A\rangle)$ 在 v_3 处的赋值是 0，所以，$(T\langle A\rangle \wedge \neg (T\langle A\rangle \rightarrow \neg T\langle A\rangle)) \rightarrow \bot$ 在 v_3 处的赋值就是 1（前件等于后件），即 A 在 v_3 处的赋值是 1。再据 Kripke 的赋值方式可得，A 和 B 在第四个不动点 P^3 解释中的语义值分别是 1 和 0。

我们可以一直这样操作下去，以至无穷。

那么 v_ω 该如何对 A 和 B 赋值呢？我们由它们在之前的不动点解释中的赋值序列 $\frac{1}{2}$、0、1、1、0、1、0、1、0、1… 和 $\frac{1}{2}$、1、1、0、0、1、0、1、0、1，再据前述极限阶段的赋值规则，可得 A 和 B 在 v_ω 处的值都是 $\frac{1}{2}$（因为它们既没有从某个阶段开始，赋值都是 1，也没有从某个阶段开始，赋值都是 0，所以，它们在 v_ω 处的值都是 $\frac{1}{2}$。据本节 2. 定义）。然后，据 Kripke 式的构造法可得，A 和 B 在第 ω 个不动点解释中的值都是 $\frac{1}{2}$。

A 和 B 在从 v_ω 到 $v_{\omega+1}$ 的赋值如同在从 v_0 到 v_1 的赋值一样，又开始了一轮新的循环。我们根据 A 在上述各个不动点解释中的赋值情况和最终赋值规则可得，A 的最终赋值是 $\frac{1}{2}$（因为它既没有从某个

71

不动点开始，赋值都是 1，也没有从某个不动点开始，赋值都是 0，因此，它的最终赋值就是 $\frac{1}{2}$）。□

二 一般的语义论

Field 认为解决真理论悖论最需要的语义论是对限制性语义论进行更加实质的推广，这便是被 Field 称为条件句的一般的语义论。[①]

对于一般的语义论，其目的就是扩充 Kripke 的强克林逻辑（也就是，给出一个更强的逻辑和真理论），在这种情况下，我们使用的是一个"模型化"的强克林（同时也是一阶的）语言，像限制性的语义论一样，我们可以规定"语义自由"的部分是完全经典的，并且可以遵循 Kripke 的方法得到真谓词。所不同的是，我们用非空的世界集来扩充我们的解释，然后，相对于这样的世界给语句指派赋值，值域仍然是 1，0，$\frac{1}{2}$，这是标准的。我们目前的任务是规定以这样解释的方式给出我们所希望具有某些特征的条件句。

Field 的方案是"邻域语义学"（语义学的一种，它推广了标准的 Kripke 语义学）的一种全新变体。令 W 是一个无限的世界集，在其中，句子被指派 $\{1, 0, \frac{1}{2}\}$ 中的元素，令 @ 是 W 中的唯一特异元——现实世界。W 上的一个"相似的关系"是说，对任一 $w \in W$ 具有一组"充分相似的世界"（被称为 w 的"邻域"），这些世界相对于 w 满足一些相似的条件。特别地，令 F_w 是 W 的非空子集的有向族，被称为 w 的邻域，对任一 $w \in W$ 指派一个包含 $\wp(W)$ 的非

[①] Field 提出"一般的语义论"，不仅想用它来解决语义悖论，很大程度上，可以说，是想为语义悖论和模糊性悖论提供一个共同的解决方案。不过，这是一个很难实现的目标，除非我们能够先强而有力地论证语义悖论与模糊性悖论产生的原因是相同的。参见 [Fie03b]；[Wang09]，p. 11。

空元素的有向族 F_W（可能是空的）。F_W的有向性，可用下述公式描述为：①

$$(\forall w \in W)(\forall x, y \in F_w)(\exists Z \in F_w) Z \subseteq x \cap y$$

F_W的方向容许"不相容性"，也就是说，相似性的关系不必是线性的。

为了避免Curry悖论，我们需要一些其他的规定。对任意$w \in W$，定义下列特征：②

（1）正规性：w是正规的当且仅当对所有的$X \in F_W$，$w \in X$成立。

（2）非正规性：w是非正规的当且仅当它不是正规的（或者说，存在$X \in F_W$，$w \notin X$）。

（3）孤单性：w是孤单的当且仅当$\{w\} \in F_W$。

（4）幸运性：w是幸运的当且仅当它不是孤单的。

Field规定了@在任何解释上都是正规的和幸运的，但其他的世界可能是非正规的和非幸运的。相应地，对每一个解释来说，由正规性原则，对任一$X \in F_W$，@$\in X$，并且由幸运性原则$\{@\} \notin F_W$。因此，在所有的解释上@与自身都是"充分相似"的，并且在所有的解释上，@与一些$w \neq @$的世界也是"充分相似"的。

照原来的标准，现在句子在每一个世界都被指派一个值。不含条件句的部分，赋值完全遵循Kripke理论中强克林赋值规则。也就是说，对于任意不含条件句的语句φ，φ在w上的赋值仅仅依赖于w上φ的各构成部分的赋值，而不需要"参考其他的世界"来得出

---

① 参见［Fie03b］，p.290；又参见［Bea09］，p.86。
② 参见［Bea09］，p.86。

纯外延语句的值。我们遵循前述"限制性语义论"中赋值的记法，用$|\varphi|$表示语句φ的值，所不同的是，这里的值是相对于各个世界来说的，例如，$|\varphi|_w$就是φ在世界w上的值。世界上含条件句的语句的赋值情况如下：[①]

$$|\varphi \to \psi|_w = \begin{cases} 1, & \text{对于某些 } x \in F_w，并且任意 w' \in x，如果 |\varphi|_{w'} \leq |\psi|_{w'}; \\ 0, & \text{对于某些 } x \in F_w，并且任意 w' \in x，如果 |\varphi|_{w'} > |\psi|_{w'}; \\ \frac{1}{2}, & \text{否则。} \end{cases}$$

对F_W中的元素都是非空的规定需要保持$|\varphi \to \psi|_w$的赋值的唯一性。有了对条件句的赋值，在所有有解释的现实世界上就可以定义语义后承关系（或有效性）$\models$了。为了达到那个目标，我们说，相对于一个解释，一个句子φ是现实有效的当且仅当在给定的解释中$|\varphi|_@ = 1$。同样地，一个句子集Σ是现实有效的当且仅当对于任一$\psi \in \Sigma$，ψ是现实有效的。因此，语义有效性的关系$\models$定义如下：

$\Sigma \models \varphi$成立，当且仅当任一解释，如果对Σ是现实有效的，就是对φ现实有效的。

有效的句子是ϕ的后承。给定非正规的和孤单的世界的存在性（或包含同样内容的解释的存在性），可以引进其他有效性的概念，但对于目前的目的来说，本书仅仅关注给定的概念。

[①] 参见[Fie03b]，p.291；又参见[Bea09]，p.87。

第三节 良好的条件句和 Curry 悖论

由前一章我们知道，Kripke 的基础弗完全理论缺少一个良好的条件句，在语言 $\mathcal{L}_K$ 中唯一的条件句 ⊃ 是"实质蕴涵条件句"，它是析取的一种伪装形式。强克林系统 $\mathcal{L}_K$ 能够满足分离规则（MPP：A，$A \supset B \models B$），但不能满足同一律（ID：$A \supset A$）。由于排中律在 $\mathcal{L}_K$ 中不成立，故 ¬$A \vee A$ 也不成立，而这正是 ID 规则的实质蕴涵版本。Field 的高级弗完全理论试图寻找一个超越"实质蕴涵条件句"的"良好的条件句"，然后把这样的条件句添加到 Kripke 的强克林系统 $\mathcal{L}_K$ 之上，使得扩充后的语言能够一致地包含自身的真谓词，同时使得所有的 Tarski-等值式在该语言中都有效。如果我们给系统 $\mathcal{L}_K$ 增加一个"良好的条件句"，会立即产生另一个问题——Curry 悖论。

人们普遍认为 Curry 悖论是最让人困惑的悖论之一，高级弗完全理论的研究一直伴随着 Curry 悖论的探讨，近几年，国际学术界有多篇专门讨论 Curry 悖论的文献。[①]

在导论中，我们已经知道，Curry 悖论是一个断定自身的条件句，如果它自身是真的，那么一切都是真的。仿照说谎者语句 λ 的构造，我们需要一个断定它自身的语句 k，如果它是真的，那么蕴涵着荒谬：

k：$T\langle k \rangle \rightarrow \bot$ [②]

[①] 讨论 Curry 悖论的有代表性的文献主要有 [Cur42]、[Gea55]、[Pri06]、[Bea07]、[Bea08b]、[Fie08b]、[Bea09] 和 [BM10] 等。

[②] 参见 [BG10] 第一版，p.19。注意 Curry 语句 k 与说谎者语句 λ 的不同之处在于它不包含否定词，尽管二者之间的关系主要取决于如何理解良好的条件句联结词→。

注意 Curry 语句不同于说谎者语句之处在于它不包含否定词，尽管二者之间的关系主要取决于如何理解"→"。

Curry 悖论挑战了我们熟悉的素朴真理论（包含不受限制的 Tarski-等值式和 $T\langle A\rangle$ 与 A 的相互替代性理论）。事实上，在任何带有关于真的语义规则的理论中，Curry 悖论都提出了一个直接的挑战。

我们已经在导论中给出了 Curry 悖论的一种形式推导，这里，我们再给出另一种形式推导：

(1) $k \leftrightarrow (T\langle k\rangle \rightarrow \bot)$　　　　　　　　　　(k 的构造)
(2) $T\langle k\rangle \leftrightarrow (T\langle k\rangle \rightarrow \bot)$　　　　((1) 及 T 的相互替代性原则)
(3) $T\langle k\rangle \rightarrow (T\langle k\rangle \rightarrow \bot)$　　　　　((2) 从左到右的一半)
(4) $T\langle k\rangle \rightarrow \bot$　　　　　　　　　　　((3) 及收缩规则)
(5) $(T\langle k\rangle \rightarrow \bot) \rightarrow T\langle k\rangle$　　　　　((2) 从右到左的一半)
(6) $T\langle k\rangle$　　　　　　　　　　　　　　((4) 和 (5) 运用分离规则)
(7) $\bot$　　　　　　　　　　　　　　　　((6) 和 (4) 运用分离规则)[①]

由 Curry 语句的构造、Tarski-等值式和收缩规则，我们推出了矛盾。如果把第（4）步用到的收缩规则换成移入规则：

IMP：$A\rightarrow (B\rightarrow C) \vdash (A\wedge B) \rightarrow C$

也会推出矛盾。假如 IMP 成立，作为 IMP 的一个例示：

(8) $(T\langle k\rangle \rightarrow (T\langle k\rangle \rightarrow \bot)) \rightarrow ((T\langle k\rangle \wedge T\langle k\rangle) \rightarrow \bot)$

也是成立的，由 (3) 和 (8) 运用分离规则，可得：

$(T\langle k\rangle \wedge T\langle k\rangle) \rightarrow \bot$，

[①] 参见 [Fie08b]，p. 84。

再据经典逻辑，又得到了（4）。

因此，对于"良好的条件句"，是不能满足收缩规则、移入规则等经典有效的规则的。

P. Geach 在讨论 Curry 悖论时曾说：

> 如果我们想保持素朴的真观点，……那么我们必须修正涉及"如果（if）"的基本的推理规则。①

也就是说，如果我们希望相互替代性原则和 Tarski-等值式在我们构造的理论中是有效的，同时避免 Curry 悖论的产生，就要调整控制条件句和其他诸如此类联结词的"运算规则"，比如说，对新增加的条件句做出某些限制，使其放弃实质蕴涵条件句具有的一些特征和自然的性质。我们接下来讨论，Field 是如何处理这个问题的。

可以说，Filed 高级弗完全理论的一个显著特征是引进了一个良好的条件句。该理论中的条件句在满足第二节中所规定的"良好的条件句"的特征之外，还具有一些自身的特性，同时为了达到我们这部分构造的目的，也不得不放弃了一些看起来自然的性质。

令 A 和 B 是任意两个语句，Field 所引进的良好条件句使得包括同一律（$\models A \rightarrow A$）和分离规则（从 A 和 $A \rightarrow B$ 可得出 B）在内的下列公理和规则成立：②

A1. $\models A \rightarrow A$

---

① 参见 [Gea55]，p. 72；又参见 [BM10]，p. 16。
② 参见 [Fie03a]，pp. 10 – 11；又参见 [Fie02]，pp. 12 – 21；[Fie03b]，pp. 292 – 296。

A2. $\models \neg\neg A \leftrightarrow A$

A3. $\models A \to (A \vee B)$

A4. $\models A \wedge B \to A$

A5. $\models A \wedge (B \vee C) \to (A \wedge B) \vee (A \wedge C)$

A6. $\models (A \to \neg B) \to (B \to \neg A)$

A7. $\models \neg(A \to \neg A) \to \neg(\psi \to A)$（$\psi$是形如$B \to B$的公式）

A8. $\models \forall x A \to A(t/x)$（良好的代入）

A9. $\models \forall x A \leftrightarrow \neg \exists x \neg A$

A10. $\models \forall x (A \vee Bx) \leftrightarrow (A \vee \forall x Bx)$（$x$在$A$中不自由出现）

R1. $A, A \to B \models B$

R2. $A, \neg B \models \neg(A \to B)$

R3. $A \models B \to A$

R4. $A \to B, B \to C \models A \to C$

R5. $A \to B \models (C \to A) \to (C \to B)$

R6. $\neg(C \to A) \to (C \to B) \models \neg(A \to B)$

R7. $(A \to B) \wedge (A \to C) \models A \to (B \wedge C)$

R8. $(A \to C) \wedge (B \to C) \models (A \vee B) \to C$

R9. $A \models \forall x A$

R10. $\forall x (A \to B) \models \forall x A \to \forall x B$

R11. $\forall x (A \to B) \models A \to \forall x B$（$x$在$A$中不自由出现）

在 Field 的系统 $\mathcal{L}_\to$ 中，由于同一律 $A \to A$ 成立，再由在所有非隐晦语境中 $T\langle A\rangle$ 和 A 的相互替代性，我们就可以得出 Tarski-等值式（$T\langle A\rangle \leftrightarrow A$）成立。因此，我们说，Tarski-等值式在 Field 的系统 $\mathcal{L}_\to$ 中是普遍有效的。

Field 的良好条件句不同于经典逻辑中的"实质蕴涵条件句"，但当排中律在条件句的前件和后件中成立时，二者具有相同的行为模式（这也是 Field 良好条件句的一个重要特征）。①也就是说，在遵从排中律的语言情景中，$A \to B$ 可以直接被看成 $A \supset B$，而 $A \to B$ 也遵从着 $A \supset B$ 在经典逻辑中所遵循的所有逻辑规律。对于它们之间的关系，我们有如下断定成立:②

$A \supset B \models A \to B$
$(A \vee \neg A) \wedge (A \to B) \models A \supset B$
$(A \vee \neg A) \wedge (B \vee \neg B) \models (A \supset B) \to (A \to B)$
$(A \vee \neg A) \wedge (B \vee \neg B) \models (A \to B) \to (A \supset B)$

在任何包含不受限制的 Tarski-等值式的系统中，为了避免 Curry 悖论，条件句就需要放弃某些特征，放弃某些自然的性质。一些对于经典实质蕴涵条件句"⊃"成立的规则，在没有预设排中律时，对"→"不成立。这些规则包括:③

排中律: $\models_? A \vee \neg A$
收缩规则: $A \to (A \to B) \models_? A \to B$
移入规则: $A \to (B \to C) \models_? A \wedge B \to C$
移出规则: $A \wedge B \to C \models_? A \to (B \to C)$
条件互换规则: $A \to (B \to C) \models_? B \to (A \to C)$

另外，"条件句证明"的引入规则（→-引入规则）也是无效的，这意味着我们没有元规则：从 $A \models B$，推出 $\models A \to B$。

我们选取其中的收缩规则做一证明:

---

① 参见 [Fie03b], p. 272。
② 参见 [Fie03a], p. 13。
③ 参见 [Fie03a], pp. 16 – 18；又参见 [Fie04b], pp. 7 – 9。

79

真理论悖论的弗完全理论研究

令 $A = T\langle k\rangle$，$B = \bot$。我们通过证明分别给出 $T\langle k\rangle \to (T\langle k\rangle \to \bot)$（即 $A \to (A \to B)$）和 $T\langle k\rangle \to \bot$（即 $A \to B$）在系统 $\mathcal{L}_\to$ 中的最终赋值。令 $C = T\langle k\rangle \to (T\langle k\rangle \to \bot)$，"$T\langle k\rangle \to \bot$"就是 Curry 语句 k。如下图：

$|C| = \frac{1}{2}$ $|C| = 1$ $|C| = 1$ $|C| = 1$ $\cdots$ $|C| = 1$ $|C| = 1$ $\cdots$

$|T\langle k\rangle| = \frac{1}{2}$ $|T\langle k\rangle| = 0$ $|T\langle k\rangle| = 1$ $|T\langle k\rangle| = 0$ $\cdots$ $|T\langle k\rangle| = \frac{1}{2}$ $|T\langle k\rangle| = 0$ $\cdots$

$|k| = \frac{1}{2}$ $|k| = 0$ $|k| = 1$ $|k| = 0$ $\cdots$ $|k| = \frac{1}{2}$ $|k| = 0$ $\cdots$

P^0 P^1 P^2 P^3 $\cdots$ P^w P^{w+1}

v_0 v_1 v_2 v_3 $\cdots$ v_w v_{w+1}

$|k| = \frac{1}{2}$ $|k| = 0$ $|k| = 1$ $|k| = 0$ $\cdots$ $|k| = \frac{1}{2}$ $|k| = 0$ $\cdots$

$|C| = \frac{1}{2}$ $|C| = 1$ $|C| = 1$ $|C| = 1$ $\cdots$ $|C| = 1$ $|C| = 1$ $\cdots$

$\therefore \||T\langle k\rangle \to (T\langle k\rangle \to \bot)\||_{M\to} = 1$

$\||T\langle k\rangle \to \bot\||_{M\to} = \frac{1}{2}$

赋值过程：我们从赋值 v_0 开始，因为 k 和 C 都是条件句，所以，v_0 对它们的赋值都是 $\frac{1}{2}$，再据 Kripke 式的构造法可得，在第一个不动点解释 P^0 中，k 和 C 的值都是 $\frac{1}{2}$。

由于 k 和 C 都是条件句，我们需要根据它们在前一个不动点中的值，通过修正获得它们在下一个赋值 v_1 处的值。由 k 在第一个不动点 P^0 中的值是 $\frac{1}{2}$，我们得，$T\langle k\rangle$ 在 v_1 处的赋值也是 $\frac{1}{2}$，因此，$T\langle k\rangle\to\bot$ 在 v_1 处的赋值就是 0（$=v_1$（$\frac{1}{2}\to 0$）），即 B 在 v_1 处的赋值是 0。再由 k（即 $T\langle k\rangle\to\bot$）在第一个不动点 P^0 中的值是 $\frac{1}{2}$，得，$T\langle k\rangle\to(T\langle k\rangle\to\bot)$ 在 v_1 处的赋值也是 1（$=v_1$（$\frac{1}{2}\to\frac{1}{2}$）），即 C 在 v_1 处的赋值是 1。再由 Kripke 的赋值方式得，k 和 C 在第二个不动点 P^1 解释中的语义值分别是 0 和 1。

由 k 和 C 在第二个不动点解释 P^1 中的值，我们来看下一个赋值 v_2 该如何对它们赋值。由 k 在第二个不动点 P^1 中的值是 0 可得，v_2 对 $T\langle k\rangle$ 的赋值也是 0，因此，$T\langle k\rangle\to\bot$ 在 v_2 处的赋值就是 1（v_2（$0\to 0$）），即 k 在 v_2 处的赋值是 1。再由 k（即 $T\langle k\rangle\to\bot$）在第二个不动点 P^1 中的值 0，得，$T\langle k\rangle\to(T\langle k\rangle\to\bot)$ 在 v_2 处的赋值是 1（$=v_2$（$0\to 0$）），即 C 在 v_2 处的赋值是 1。然后，据 Kripke 的赋值方式得，k 和 C 在第三个不动点解释 P^2 中的值都是 1。

由 k 和 C 在第三个不动点 P^2 解释中的值，我们来看 k 和 C 在下一个赋值 v_3 处该如何赋值。由 k 在第三个不动点 P^2 中的值是 1，得，$T\langle k\rangle$ 在 v_3 处的赋值也是 1，因此，$T\langle k\rangle\to\bot$ 在 v_3 处的赋值就是 0（$=v_3$（$1\to 0$）），即 k 在 v_3 处的赋值是 0。再由 k（即 $T\langle k\rangle\to\bot$）在第三个不动点 P^2 中的值 1，得，$T\langle k\rangle\to(T\langle k\rangle\to\bot)$ 在 v_3 处的赋值就是 1（$=v_3$（$1\to 1$））。再据 Kripke 的赋值方式得，k 和 C 在第四个不动点解释 P^3 中的语义值分别是 0 和 1。

我们可以一直这样操作下去，以至无穷。

那么 v_ω 该如何对 k 和 C 赋值呢？由它们在之前的不动点解释中的赋值序列 $\frac{1}{2}$、0、1、0 $\cdots$ 和 $\frac{1}{2}$、1、1、1 $\cdots$，再据前述极限阶段

的赋值规则，可得，k 在 v_ω 处的值是 $\frac{1}{2}$（因为它既没有从某个阶段开始，赋值都是 1，也没有从某个阶段开始，赋值都是 0，所以，它在 v_ω 处的值就是 $\frac{1}{2}$。据本章第二节 2. 定义），而 C 在 v_ω 处的值是 1（因为从第二个赋值阶段开始，对 C 的赋值都是 1，所以，C 在 v_ω 处的值是 1。据本章第二节 2. 定义）。然后，据 Kripke 式的构造法可得，k 和 C 在第 ω 个不动点解释中的值分别是 $\frac{1}{2}$ 和 1。

k 和 C 在从 v_ω 到 $v_{\omega+1}$ 处的赋值如同在从 v_0 到 v_1 处的赋值一样，又开始了一轮新的循环。

我们根据 k 和 C 在上述各个不动点解释中的赋值情况和最终赋值规则可得，k 的最终赋值是 $\frac{1}{2}$（因为它既没有从某个不动点开始，赋值都是 1，也没有从某个不动点开始，赋值都是 0，因此，它的最终赋值就是 $\frac{1}{2}$。从对条件句 k 赋值的过程，我们可以看出，对 k 赋值的过程，也是一个不断修正的过程）；C 的最终赋值是 1（因为从第二个不动点开始，它的赋值一直都是 1，因此，它的最终赋值就是 1）。

由于 $T\langle k\rangle \to (T\langle k\rangle \to \bot)$ 在系统 $\mathcal{L}_\to$ 中的最终赋值是 1，而 $T\langle k\rangle \to \bot$ 在系统 $\mathcal{L}_\to$ 中的最终赋值是 $\frac{1}{2}$，$T\langle k\rangle \to (T\langle k\rangle \to \bot)$ 真，而 $T\langle k\rangle \to \bot$ 不真不假，再由"$\models$"的定义可得，$T\langle k\rangle \to (T\langle k\rangle \to \bot) \models_{M_\to} T\langle k\rangle \to \bot$ 是不成立的，即收缩规则在系统 $\mathcal{L}_\to$ 中是不成立的。□

在 Field 的带良好条件句的高级弗完全系统中，由于 Tarski-等值式成立，放弃收缩规则是不可避免的：一方面，由 Curry 语句 k 的构造、Tarski-等值式和收缩规则，我们推出了矛盾。这三者中，最容易放弃的显然是收缩规则；另一方面，放弃了收缩规则，我们就不需要放弃从 $A \wedge A \rightarrow B$ 推出 $A \rightarrow B$ 这个直观的规则，因为 $A \rightarrow (B \rightarrow C)$ 不一定等值于 $A \wedge B \rightarrow C$（如前所述，移入规则不成立）。

收缩规则是 Curry 悖论的推导过程中被明显使用的少数几个规则之一，一旦收缩规则不成立，Curry 悖论的证明自然而然就成了无效的了。

在高级弗完全理论中，良好的条件句的另一个重要特征是它能够用来定义一个重要的概念：确定性。我们在系统 $\mathcal{L}_\lrcorner$ 中定义一个确定性算子 D 如下：[1]

$$DA =_{df} A \wedge \neg (A \rightarrow \neg A)$$

DA 读作"A 确定性的真"，DA 在一个模型中为真当且仅当在该模型中，A 的最终赋值是 1。确定性算子 D 有如下性质：[2]

D1.　$A \models DA$　（D-引入规则成立）[3]

D2.　$DA \models A$　（D-消去规则成立）

D3.　如果 $\models A \rightarrow \neg A$，那么 $\models \neg DA$　（特别地，如果 $\models \neg A$，那么 $\models \neg DA$）

D4.　$\models DA \rightarrow A$　（条件句形式的 D-消去规则成立）

D5.　如果 $\models A \rightarrow B$，那么 $\models DA \rightarrow DB$

但是，条件句形式的 D-引入规则不成立：

$$\models A \rightarrow DA$$

为了更清楚地理解对 D 来说，条件句形式的引入规则是无效的，我们来看一个例子：

---

[1] 参见 [Fie03b], pp. 297–298。
[2] 参见 [Fie08b], p. 236。
[3] 要注意的是该规则的成立需要借助定理 $A \models B \rightarrow A$。参见 [Pri10], p. 121。

例4. 令 A 是一个说谎者语句。$A \to DA$ 可写作：

$$\neg T\langle\lambda\rangle \to (\neg T\langle\lambda\rangle \wedge \neg (\neg T\langle\lambda\rangle \to T\langle\lambda\rangle))$$

我们要证明规则 $\models A \to DA$ 是否成立，只需看 $\neg T\langle\lambda\rangle \to (\neg T\langle\lambda\rangle \wedge \neg (\neg T\langle\lambda\rangle \to T\langle\lambda\rangle))$ 在系统 $\mathcal{L}_\to$ 中的最终赋值是否为真就行了。令 $B = \neg T\langle\lambda\rangle \to T\langle\lambda\rangle$，$C = \neg T\langle\lambda\rangle \to (\neg T\langle\lambda\rangle \wedge \neg (\neg T\langle\lambda\rangle \to T\langle\lambda\rangle))$。如下图：

$\|C\|=\frac{1}{2}$	$\|C\|=1$	$\|C\|=0$	$\|C\|=0$	$\cdots$	$\|C\|=0$	$\|C\|=0$	$\cdots$
$\|B\|=\frac{1}{2}$	$\|B\|=1$	$\|B\|=1$	$\|B\|=1$	$\cdots$	$\|B\|=1$	$\|B\|=1$	
$\|T\langle\lambda\rangle\|=\frac{1}{2}$	$\|T\langle\lambda\rangle\|=\frac{1}{2}$	$\|T\langle\lambda\rangle\|=\frac{1}{2}$	$\|T\langle\lambda\rangle\|=\frac{1}{2}$	$\cdots$	$\|T\langle\lambda\rangle\|=\frac{1}{2}$	$\|T\langle\lambda\rangle\|=\frac{1}{2}$	$\cdots$
P^0	P^1	P^2	P^3	$\cdots$	P^w	P^{w+1}	

| v_0 | v_1 | v_2 | v_3 | $\cdots$ | v_w | v_{w+1} |

$\|T\langle\lambda\rangle\|=\frac{1}{2}$	$\|T\langle\lambda\rangle\|=\frac{1}{2}$	$\|T\langle\lambda\rangle\|=\frac{1}{2}$	$\|T\langle\lambda\rangle\|=\frac{1}{2}$	$\cdots$	$\|T\langle\lambda\rangle\|=\frac{1}{2}$	$\|T\langle\lambda\rangle\|=\frac{1}{2}$	$\cdots$
$\|B\|=\frac{1}{2}$	$\|B\|=1$	$\|B\|=1$	$\|B\|=1$	$\cdots$	$\|B\|=1$	$\|B\|=1$	
$\|C\|=\frac{1}{2}$	$\|C\|=1$	$\|C\|=0$	$\|C\|=0$	$\cdots$	$\|C\|=0$	$\|C\|=0$	

$\therefore \|\neg T\langle\lambda\rangle \to (\neg T\langle\lambda\rangle \wedge \neg (\neg T\langle\lambda\rangle \to T\langle\lambda\rangle))\|_{M_\to} = 0$

上图显示了动态的赋值过程，对该赋值过程的解释陈述可参照本章第二节中例3和本节中收缩规则不成立的证明，这里略。

因 $\neg T\langle\lambda\rangle \to (\neg T\langle\lambda\rangle \wedge \neg (\neg T\langle\lambda\rangle \to T\langle\lambda\rangle))$ 在系统 $\mathcal{L}_{\lrcorner}$ 中的最终赋值为假，所以，条件句形式的 D-引入规则不成立，即 $\not\models A \to DA$。□

有了确定性算子，我们就可以在系统中定义一个"更强的真"，这不再是一般的真谓词，而是带有确定性算子的真。确定性算子的行为模式是该理论最典型的特征之一：确定性算子可以叠置，借助真谓词来形成无限个合取式，直至叠置到超限。这里的关键是 D 的幂等性是不成立的，也就是说，D 叠置的是不同的算子，这样的叠置从不坍塌。它们不像正规模态逻辑系统 S5 中，我们熟悉的"必然性"算子。

由于确定性算子的叠置从不坍塌，因此，"确定性的说谎者"的报复问题得以避免。对于某些良好的序的记号 α 和 β，凡有 $\beta > \alpha$，都有 D^β 强于 D^α，在这个意义上，断定 $\neg D^\beta A$ 一般地不需要断定 $\neg D^\alpha A$，这是处理延伸的说谎者语句的关键。例如，Q_α 断定它不是 D^α 真的：我们可以断定 Q_α 不是 $D^{\alpha+1}$ 真的，这样就不会再产生新的悖论，因为我们不能推出它不是 D^α 真的。[①]

第四节 结论与问题

Field 所构造的高级弗完全理论在保持语言封闭的前提下，使得 Tarski-等值式普遍有效，对于真理论悖论的刻画远远超出 Kripke 强克林不动点理论对框架结构的刻画，基本上达到了其预想的目标。具体说来，该理论有以下几点美好的结果：

（1）首要的也是最重要的一点是，该理论有一个良好的条件句联结词，虽然和经典的实质蕴涵条件句联结词不同，但在排中律对

---

① 参见 [Fie10]，p.420。

条件句的前件和后件都成立的语境中，它和实质蕴涵条件句联结词具有同样的行为模式。

（2）该理论在保持 Kripke 基础弗完全理论中相互替换性原则成立的同时，保证了 Tarski-等值式 $T\langle A\rangle\leftrightarrow A$ 的成立，充分满足了素朴的真理论。

（3）有了确定性算子，像说谎者这样的真理论悖论语句就成了既不确定性真又不确定性假的语句。这样，说谎者语句"在不动点的解释中既不真也不假（或既不确定性真又不确定性假）"，这个不能在 Kripke 的基础弗完全理论中表达的事实，却可以在 Field 的高级弗完全理论中得以表达。

（4）在保持语言封闭性的前提下，该理论能够一致地包含自身的真谓词，不再被悖论的报复问题纠缠。

以上几个特征使得该理论是一个比 Kripke 的基础弗完全理论更有表达力的，能够满足 Tarski 实质恰当性要求的，同时有着不动点解释的理论。当然，这些特征成立的前提是拒斥排中律。

这样，Field 所勾画的这种理论保留了一个弱化的经典逻辑中的真、满足、性质示例等的素朴模式，并且避免了困扰经典理论和弱经典理论的那些主要问题。这就给出了一个弱化经典逻辑的强的例证。[1]

当然，Field 的高级弗完全理论也存在一些不合理的结果和一些值得我们进一步思考的问题。例如，对条件句的赋值及修正规则进行定义的直观依据是什么？我们能否调整对条件句的定义，给出一个不同的赋值和修正规则？为什么使用最小不动点来解释条件句的赋值函数？如果根据 Kripke 的归纳构造法，我们一开始假设真谓词的外延和反外延是两个空集合，可否假设所有说真话者语句在真的

---

[1] 参见 [Fie08a], Lecture-3, p. 34。

外延或反外延中呢？

另外，在 Field 的高级弗完全系统 $\mathcal{L}_\rightarrow$ 中，如下等值式在该系统的任一模型中的值都是 1：

$||T\langle\eta\rangle\rightarrow\neg T\langle\eta\rangle||_{M\rightarrow} = ||\neg T\langle\eta\rangle\rightarrow T\langle\eta\rangle||_{M\rightarrow} = ||\neg T\langle\lambda\rangle\rightarrow T\langle\eta\rangle||_{M\rightarrow} = ||\neg T\langle\lambda\rangle\rightarrow T\langle\eta\rangle||_{M\rightarrow}$

也就是说，如果说真话者是真的，那么说真话者不是真的；如果说真话者不是真的，那么说真话者是真的；如果说谎者是真的，那么说真话者是真的；如果说谎者是真的，那么说真话者不是真的。这样的结果很不合直观，显然是我们不希望看到的。我们应该如何调整才能避免出现这样的结果呢？

还有，我们能给条件句逻辑一个更完全的公理化系统吗？[①]

如此等等，都需要我们更深入地去探讨。

---

① 参见 [Li, Wang11b]，p.12。

第五章　弗完全理论与弗一致双面论的比较研究

弗完全理论和弗一致双面论是当今国际学术界占主导地位的、最具竞争力的两大真理论悖论方案。本章我们对这两大方案做一比较研究，并论证它们在哲学及形式系统上的优缺点。在众多的真理论悖论的解决方案中，我们之所以选择弗一致的双面论来与弗完全理论比较，一方面，是由于它本身的影响力；另一方面，也是最重要的方面，是因为在众多的真理论悖论的解决方案中，唯有二者在保持语义封闭的前提下，完整地维护了 Tarski-等值式的有效。

第一节是对弗一致方案的总体介绍；第二节是对二者相同点和不同点的比较研究。

第一节　弗一致的双面论

1979 年，Priest 发表了《悖论逻辑》［Pri79］一文，首次提出了一个弗一致的逻辑系统；1984 年，在《再谈悖论逻辑》［Pri84］中又一次深入论及这一主题。其主要观点是有些语句既真又假，或者说，有些矛盾句是真的，例如像说谎者这样的悖论性语句。他通过形式技术的方法把悖论导致的矛盾限制在某个小范围内，不让它

第五章 弗完全理论与弗一致双面论的比较研究

"向灾难性的方向扩散"①。1987 年，Priest 出版了专著《走进矛盾》[Pri87]，该书是对《悖论逻辑》一文中"真矛盾"思想的扩充和发展，但在逻辑的形式技术上做了较大改进。② 2009 年，Beall 在其新著《真的三角壁》[Bea09] 中，以 Priest 弗一致的逻辑系统为基础，通过增加一个良好的条件句，得到了一个更强大、更具解释力的弗一致逻辑系统。

Beall 在其理论中用"三角壁"（spandrels）来比喻悖论性的语句。③ 所谓"三角壁"是指拱门上方弧形两侧近似三角形的两块墙壁，它们是建筑拱门时的连带副产品，没有实际用途。Beall 认为，建筑中出现三角壁往往是不可避免的，也不是期望中的，在语言中，如同在建筑中一样会不可避免地出现没有实质作用的"三角壁"，像说谎者这样的既真又假的悖论性语句就是语言中的"三角壁"，它们只不过是把真谓词引入到语言中时所连带产生的副产品而已。

弗一致论者认为从说谎者悖论导出矛盾的推理是一个有效的推理，我们应该接受这一推理的矛盾的结论，承认有些矛盾是真的，但不会导致每一个语句都是真的这一平庸的结论。相对于真值空缺理论（在理论中承认有些语句是既不真也不假的），我们把承认有些语句既真又假的理论称为真值过满（glut）的理论。显然，弗一致理论就是真值过满的理论。除了 Curry 语句，Beall 把所有的悖论性语句都处理成过满的。给定了语言的过满，既然平庸性的结论不是一个理性的选择，那么该语言的逻辑只能是弗一致的。

断定有些矛盾语句为真的理论通常被称为"双面真理论"（di-

---

① 参见 [Pri79]。
② 1987 年出版了《走进矛盾》的第一版，2006 年出版了第二版。
③ 参见 [Bea09]，p. 5。

aletheism)①。Field 将双面真理论分成两类，一类是不承认任何矛盾②并因而仍然遵从经典逻辑的"经典真值过满理论"（classical glut theory），另一类则是承认某些矛盾为真并因而采取弗一致逻辑的"弗一致双面真理论"（以下简称弗一致的双面论）。Priest 和 Beall 的理论属于后一种。

令 $\mathcal{LP}$ 表示 Priest 的标准的多值语义系统。该系统是由 Priest 在 [Pri79] 和 [Pri06] 中提出来的，它类似于我们前述的 Kripke 的强克林理论系统 $\mathcal{L}_\kappa$，不同的只不过是它把 Kripke 强克林理论中的"真值空缺"对偶地转化为"真值过满"。和 Kripke 的强克林不动点语言一样，它把一阶语言作为底语言，它的初始符号及句法与 $\mathcal{L}$ 是相同的。我们令 $\mathcal{LP}$ 的语义值集合为 $v = \{1, 0, \frac{1}{2}\}$，这里，$\frac{1}{2}$ 表示的是既真又假的第三值，即"真值过满"，$\{1, \frac{1}{2}\}$ 是特指值的集合。我们假设 $\mathcal{LP}$ 是一个经过解释的语言，它的一个解释（或模型）$M_{\mathcal{LP}} = \langle D_{\mathcal{LP}}, I_{\mathcal{LP}} \rangle$，其中，$D_{\mathcal{LP}}$ 是一个非空的集合，与 $\mathcal{L}$ 的论域 D 是相同的，$I_{\mathcal{LP}}$ 除了给所有的名称指派 $D_{\mathcal{LP}}$ 中的一个元素外，也给每一个 n-元谓词 P 指派一个集合 $\langle P^+, P^- \rangle$，P^+ 是 P 的外延，P^- 是 P 的反外延。该系统的一个关键性的规定是，确保否定的"可穷举性"，即对于所有的谓词 P，$P^+ \cup P^- = D_{\mathcal{LP}}$，也就是说，排中律在该理论中是成立的。

---

① 这里要指出的是，语词"dialetheism"是由字首"di"（双面）、字根"aletheia"（真）和字尾"ism"（主义）组成，有时又拼作"dialethism"。这个词与"dialectism"（辩证法），无论在字形上还是在字义上都不尽相同。国内很多学者把"dialetheism"翻译成"辩证理论"，这是不正确的。参见 [Wang08]，p.235。

② 说"经典真值过满理论承认某些矛盾句为真但不承认任何矛盾"，这似乎是一个矛盾的说法，但其实不然。令 λ 是说谎者语句，古典真值过满理论接受 $T(\neg T\lambda \wedge \neg\neg T\lambda)$，但不接受 $\neg T\lambda \wedge \neg\neg T\lambda$，这样的观点并不必然导致不一致。当然，为了得到一致的观点，经典真值过满理论就不能满足 Tarski-等值式，而这是 Priest 和 Beall 的弗一致双面论所共同反对的。

$\mathcal{L}P$ 中语句的赋值是这么决定的：

对于原子语句：

（1） $v(P(t_1,\cdots,t_n))=1$ 当且仅当 $\langle I(t_1),\cdots,I(t_n)\rangle \in P^+$，并且 $\langle I(t_1),\cdots,I(t_n)\rangle \notin P^-$；

（2） $v(P(t_1,\cdots,t_n))=\frac{1}{2}$ 当且仅当 $\langle I(t_1),\cdots,I(t_n)\rangle \in P^+ \cap P^-$；

（3） $v(P(t_1,\cdots,t_n))=0$ 当且仅当 $\langle I(t_1),\cdots,I(t_n)\rangle \in P^-$，并且 $\langle I(t_1),\cdots,I(t_n)\rangle \notin P^+$。

对于复合语句，以如下的方式赋值：

否定：

$\neg$	
1	0
$\frac{1}{2}$	$\frac{1}{2}$
0	1

合取：

$\wedge$	1	$\frac{1}{2}$	0
1	1	$\frac{1}{2}$	0
$\frac{1}{2}$	$\frac{1}{2}$	$\frac{1}{2}$	0
0	0	0	0

蕴涵：

$\supset$	1	$\frac{1}{2}$	0
1	1	$\frac{1}{2}$	0
$\frac{1}{2}$	1	$\frac{1}{2}$	$\frac{1}{2}$
0	1	1	1

而其他的逻辑联结词 $\vee$、$\leftrightarrow$ 定义如常。对于包含量词的语句是这么赋值的：$\forall(x)P(x)$ 是 1，当且仅当 $P(x)$ 对于论域 $D_{\mathcal{L}P}$ 中所有的元素都是 1；$\forall(x)P(x)$ 是 0，当且仅当 $P(x)$ 对于论域 $D_{\mathcal{L}P}$ 中存在至少一个元素是 0；否则，它的值是 $\frac{1}{2}$。

有效性是通过特指值 1 和 $\frac{1}{2}$ 来定义的，我们说一个模型满足一

个语句 A 仅当 $v(A) \in \{1, \frac{1}{2}\}$，一个模型满足一个语句集 Σ 仅当它满足 Σ 中的所有语句。如果任一满足 Σ 的模型都满足 A，我们就得出 $\Sigma \models A$。

我们很容易看出，在经过模型 $M_{\mathcal{L}P}$ 的解释之后，$\mathcal{L}P$ 中的每一个语句都有了一定的赋值（或者为真，或者为假，或者既真又假）。但 $\mathcal{L}P$ 是一个不包含自身真谓词的语言：在句法上，它不能够表达"在 $\mathcal{L}P$ 中为真"这样的谓词；在语义上，经过 $M_{\mathcal{L}P}$ 的解释后，没有任何一个 $\mathcal{L}P$ 的谓词的外延刚好是所有 $\mathcal{L}P$ 中的真语句所形成的集合，也没有任何一个 $\mathcal{L}P$ 的谓词的反外延刚好是所有 $\mathcal{L}P$ 中的假语句所形成的集合。因此，$\mathcal{L}P$ 并不是我们真正需要的语言，我们真正需要的语言是一个在句法上能够表达自身的真谓词的语言。

正如在基础的弗完全理论中，通过给一阶系统 $\mathcal{L}$ 增加一个真谓词符 T，得到了一个能够包含自身的真谓词的系统 $\mathcal{L}_{\kappa}$ 一样，为了达到这个要求，我们给上述系统 $\mathcal{L}P$ 增加一个真谓词符 T，把它扩充为一个能够包含自身真谓词的系统。我们把扩充后的系统记为 $\mathcal{L}P^{+}$，$\mathcal{L}P^{+}$ 的初始符号和句法与 Kripke 强克林系统 $\mathcal{L}_{\kappa}$ 相同。对于一个经过解释的系统 $\mathcal{L}P$，它的完整解释就是 $\mathcal{L}P^{+}$ 的部分解释：除真谓词符 T 以外，$\mathcal{L}P$ 的模型 $M_{\mathcal{L}P}$ 同时给 $\mathcal{L}P^{+}$ 中的每一个非逻辑符号指派一个语义值。如果除了 $\mathcal{L}P$ 的解释之外，我们还对真谓词符 T 的外延和反外延作出某个特定的解释，比如说，令 T 的外延和反外延分别等于 $\mathcal{L}P$ 的某个子集 P^{+} 和 P^{-}（P^{+} 和 P^{-} 共同穷尽论域 $\mathcal{L}P$ 中的元素），$\mathcal{L}P$ 加上这个特定的对于 T 的解释就是 $\mathcal{L}P^{+}$ 的一个完整的解释或模型，我们称这样的解释或模型为 $M_{\mathcal{L}P}^{+}$。如果在 $M_{\mathcal{L}P}^{+}$ 这样的解释下，T^{+} 和 T^{-}（T 的外延和反外延）刚好分别是 $\mathcal{L}P$ 中在 $M_{\mathcal{L}P}^{+}$ 的模型里所有真（值等于 1 或 $\frac{1}{2}$）语句（的哥德尔数）和所有假（值

第五章 弗完全理论与弗一致双面论的比较研究

等于 0 或 $\frac{1}{2}$）语句（的哥德尔数）所形成的集合，那么，T 在模型 $M_{\mathcal{L}\rho^+}$ 的解释下就是 $\mathcal{L}^+$ 这个足够丰富的语言的真谓词，这样，我们的目的也就达到了。但问题是：存在这样的真谓词的不动点解释吗？如果存在，它是如何可能存在的？

［Pri87，06］采取了一种类似于［Kri75］不动点存在性的归纳构造方法证明 $\mathcal{L}P^+$ 具有许多非平庸的不动点解释；在每一个非平庸的不动点解释下，真谓词符 T 都是该语言在该解释下的真谓词。但除此之外，$\mathcal{L}P^+$ 还具有一个比 $\mathcal{L}_\kappa$ 更好的特性，那就是：由于同一律在"$A \supset A$"$\mathcal{L}P^+$ 的任何一个非平庸的不动点解释下都为真，因此所有的 Tarski-等值式的例示也都为真。所以，像 $\mathcal{L}P^+$ 这样的语言不仅包含了自身的真谓词，而且满足了 Tarski 的真之"实质良好性"要求。然而，其重大缺陷之处在于：分离律（由 A 和 $A \supset B$，我们并不能总推出 B）不是语言 $\mathcal{L}P^+$ 的一个有效的规则。再由第二节中良好的条件句的定义，我们知道，$\mathcal{L}P^+$ 中的条件句不是一个良好的条件句，因为对于一个良好的条件句来说，分离律必须是成立的。因此，该理论缺少了一个对于良好的推理来说的条件句。正如 Field 的高级弗完全理论在 Kripke 强克林不动点理论的基础上引进一个良好的条件句的做法一样，［Pri87，06］和［Bea09］也试图在语言 $\mathcal{L}P^+$ 的基础上，增加一个良好的条件句联结词→，使得扩充后的语言在保有不动点解释的同时，具有更强的推理能力。基于篇幅上的限制，以下我们只简单说明［Bea09］中的做法。

给语言 $\mathcal{L}P^+$ 增加一个良好的条件句联结词→，得到一个新语言，我们称为 $\mathcal{L}P^\rightarrow$。所有 $\mathcal{L}P^+$ 的句法规则都是 $\mathcal{L}P^\rightarrow$ 的规则，除此之外，$\mathcal{L}P^\rightarrow$ 还有一个新增的规则，即所有形如 $A \rightarrow B$ 的公式都是一个公式。Beall 在《真的三角壁》［Bea09］中表明：带有一个良好的条件句的语言 $\mathcal{L}P^\rightarrow$ 是一个非平庸的、包含了自身真谓词的语言。事实上，除了要求 $\mathcal{LP}^{\to}$ 中的 → 是一个良好的条件句联结词之外，基于一些哲学上的考虑，Beall 还希望语言 $\mathcal{LP}^{\to}$ 能够同时具有以下几个特点：（1）相互替换性规则和 Tarski-等值式是成立的。也就是说，对任一 A 来说，$T\langle A\rangle$ 和 A 在所有非隐晦的语境中都能够相互替换；这样的可相互替换性加上已知形如 A→A 的条件句是真的，可以有效地保证所有的 Tarski-等值式（$T\langle A\rangle \leftrightarrow A$）在 $\mathcal{LP}^{\to}$ 中也为真；（2）排中律在 $\mathcal{LP}^{\to}$ 中是成立的；（3）爆炸规则（$A, \neg A \models B$）在 $\mathcal{LP}^{\to}$ 中不是一个有效的规则；（4）像说谎者和说真话者这样的包含了真谓词的语句是既真又假的语句，但没有任何一个不包含真谓词的语句是既真又假的语句。

为了证明上述几个特点能同时在一个诸如 $\mathcal{LP}^{\to}$ 这样的语言中成立，我们先来看一个被称为 BX 的逻辑。BX 的句法与 $\mathcal{LP}^{\to}$ 相似，以"¬"、"∧"、"∨"和"→"作为初始的逻辑联结符，但它不包含真谓词符 T。

Beall 对于 BX 所给的形式语义是一个模态的、二值的语义。在这样的语义中，一个结构（structure）是一个八元的有序序列 $\langle W, R, N, @, {}^*, D, I, \models\rangle$，其中，W 是任一非空的可能世界集合；R 是任一 W 与 W×W 之间的关系；N（正规世界集）是 W 的任一子集；@（现实世界）是 N 中的元素；* 是任一满足如下关系、从 W 到 W 的函数：对于每一个 W 中的世界 w 来说，$W^{**} = w$；D（该结构中的论域）是任一非空的元素集合；I 是任一这样的函数：对于每一个 BX 的个体常元来说，I 指派 D 中的某个元素作为该常元的解释，而对于 BX 的任何一个 n 元谓词 P^n 及任何一个可能世界 W 来说，I 都指定 D 上的某个 n 元关系作为该谓词在 W 中的解释，也就是说，$I_W(P^n(x_1, \cdots, x_n)) \subseteq D^n$；$\models$ 是任一 w 与 BX 中的语句之间的关系。当一个结构满足了以下 9 个条件时，我们就说它是 BX 的一个模型：对于所有的语句 A 和语句 B 来说（在以下的语义中，

为了方便起见,我们假设任一论域中的元素 A 都是该元素自身的一个名称):①

$A1$. 对于任一 $w \in W$, $w \models P^n$ $(t_1, \cdots, t_n)$,当且仅当$\langle I(t_1), \cdots, I(t_n)W \in I_w(P^n(x_1, \cdots, x_n))\rangle$。

$S1$. 对于任一 $w \in n$,或者 $w \models A$ 或者 $w^* \models A$ 为假。

$S2$. 对于任一 $w \in W$, $w \models \neg A$ 当且仅当 $w^* \models A$ 为假。

$S3$. 对于任一 $w \in W$, $w \models A \vee B$ 当且仅当 $w \models A$ 或者 $w \models B$。

$S4$. 对于任一 $w \in W$, $w \models A \wedge B$ 当且仅当 $w \models A$ 且 $w \models B$。

$Q1$. 对于任一 $w \in W$, $w \models \rightarrow xP$ 当且仅当对于所有的 $a \in D$ 来说,$w \models P(a/x)$。

$Q2$. 对于任一 $w \in W$, $w \models \wedge xP$ 当且仅当对于有些 $a \in D$ 来说,$w \models P(a/x)$。

$C1$. 对于任一 $w \in n$, $w \models A \rightarrow B$ 当且仅当对于所有的 $w' \in W$,如果 $w' \models A$,则 $w' \models B$。

$C2$. 对于任一 $w \in W\text{-}n$ 来说,$w \models A \rightarrow B$ 当且仅当对于任意的 w' 及 w'' 来说,如果 $Rww'w''$ 且 $w' \models A$,则 $w'' \models B$。

有了上述的模型定义,我们便可以将 BX 中的"逻辑结果"关系定义如下:$\Sigma \models A$,当且仅当对于所有的 BX 模型来说,如果 $@\models\Sigma$,则 $@\models A$;其中,$@\models\Sigma$ 意指:对于所有的 $B \in \Sigma$ 来说,$@\models B$。"有效语句"的定义如下:$\models A$ 当且仅当 $\phi\models A$。在定义了"模型""逻辑结果"及"有效语句"之后,Beall 给出 BX 的公理系统,BX 由 16 个公理($A0$—$A15$)和 4 个规则($R1$—$R4$)组成:②

$A0$. $\models A \vee \neg A$

$A1$. $\models A \rightarrow A$

---

① 参见 [Bea09], pp. 7 – 9。
② 参见 [Bea09], pp. 31 – 32。

A2. $\models (A \wedge B) \to A$ 且 $(A \wedge B) \to B$

A3. $\models A \to (A \vee B)$ 且 $B \to (A \vee B)$

A4. $\models A \leftrightarrow \neg \neg A$

A5. $\models (\neg A \vee \neg B) \leftrightarrow \neg (A \wedge B)$

A6. $\models (\neg A \wedge \neg B) \leftrightarrow \neg (A \vee B)$

A7. $\models A \wedge (B \vee C) \to ((A \wedge B) \vee (A \wedge C))$

A8. $\models ((A \to B) \wedge (A \to C)) \to (A \to (B \wedge C))$

A9. $\models ((A \to C) \wedge (B \to C)) \to ((A \vee B) \to C)$

A10. $\models \forall x A \to A(t/x)$

A11. $\models A(t/x) \to \exists x \varphi$

A12. $\models (A \wedge \exists x B) \to \exists x (A \wedge B)$ (x 在 A 中不自由出现)

A13. $\models \forall x (A \vee B) \to (A \vee \forall x B)$ (x 在 B 中不自由出现)

A14. $\models \forall x (A \to B) \to (\exists x A \to B)$ (x 在 B 中不自由出现)

A15. $\models \forall x (A \to B) \to (A \to \forall x B)$ (x 在 A 中不自由出现)

R1. 如果 $\models A$ 且 $\models A \to B$,则 $\models B$

R2. 如果 $\models A$ 且 $\models B$,则 $\models A \wedge B$

R3. 如果 $\models A \to B$,则 $\models \neg B \to \neg A$

R4. 如果 $\models A \to B$ 且 $\models C \to D$,则 $\models (B \to C) \to (A \to D)$

我们可以很容易地证明,相对于 BX 的形式语义而言,它的公理化系统是既可靠又完全的。

但是,我们这里要指出的是,一些在经典逻辑中有效的语句或成立的逻辑结果关系在 BX 当中都不再成立(其中,"⊃"表示实质蕴涵条件句):

DS. $\neg A, A \vee B \models B$

MP. $A, A \supset B \models B$

EFQ. $A, \neg A \models B$

收缩规则:

C1. $A→(A→B) \models A→B$

C2. $(A→(A→B))→(A→B)$

C3. $(A \wedge (A→B))→B$

因为 BX 是一个不包含自身真谓词符的逻辑系统，所以不是我们最终所需要的逻辑。有了 BX 逻辑，我们很容易地就能得到所需要的逻辑理论，方法是：给 BX 增加一个真谓词符 T，扩充后的逻辑就是我们所需要的逻辑理论 BXTT。它的句法是由 BX 的句法加上真谓词符 T 而构成的；它的语义如下：当一个结构满足如下两个条件时，它就是 BXTT 的一个模型：（1）该结构是一个 BX 的模型；（2）WT 在该结构中成立。

　　WT. 对于所有的 A 以及所有的 $w \in W$ 来说，$w \models T\langle A \rangle$ 当且仅当 $w \models A$。

在定义了 BXTT 的模型之后，[Bea09]证明了满足上述两个条件的模型是可能的。除了上述 BX 的公理和规则之外，BXTT 的语义还使得如下的规则 TP 是成立的：

　　TP. 令 B 为任意一个 A（或 $T\langle A \rangle$）在其中出现的语句，那么，将 B 中的 A（或 $T\langle A \rangle$）用 $T\langle A \rangle$（或 A）替换之后的语句总是等值于 B。

控制真的两个规则也是成立的：

　　真的引入规则：$A \models T\langle A \rangle$

　　真的消去规则：$T\langle A \rangle \models A$

显然，由 TP 和同一律，我们可以得出 Tarski-等值式（$T\langle A\rangle \leftrightarrow A$）的成立。

我们可以很容易地检验出，BXTT 满足了所有上述所列出的 $\mathcal{L}P^\rightarrow$ 具有的特点，也达到了 Beall 所想要达到的目标。但无论是从形式上还是从哲学上来说，它都仍然有许多不能令人满意之处：（1）Beall 把所有包含了无法排除的真谓词的语句（如说谎者语句和说真话者语句）都一概看作矛盾的语句，这样的看法并不符合直观；（2）在 BXTT 的理论内，我们无法断说有效的推理就是保真的推理，因此，BXTT 缺少区分有效推理和无效推理的方法；（3）BXTT 模糊了真值过满的语句与真值空缺的语句之间的区别，说谎者语句在该理论中不仅是既真又假的语句，也是既不真也不假的语句；（4）BXTT 中"→"并不是一个太理想的条件句联结词，它缺乏高级弗完全理论中的条件句联结词所具有的一些特性。

第二节 弗完全理论与弗一致双面论的比较

虽然弗完全理论和弗一致双面论是当今国际学术界关于真理论悖论的最有影响的两大竞争性的、对立的理论，但也有很多相同之处，主要有以下几点：

（1）二者都是基于非经典逻辑的真理论悖论解决方案，都是语义封闭的，而这两个语义封闭的理论都遵从了一个必要的规则，那就是尽管语言中含有真谓词和悖论性语句，但并没有导致平庸的结论。

（2）二者在关于真谓词的基本功能和规则方面是一致的。

（3）都包含一个良好的条件句联结词，并使得 Tarski-等值式是有效的（由良好的条件句的定义我们知道，同一律 $A \rightarrow A$ 是有效的，再由真的相互替代性规则，可得，Tarski-等值式是有效的）。

（4）都通过一定的形式技术手段（如给良好的条件句增加一些

限制条件等)避免了 Curry 悖论的产生。

(5) 虽然弗完全理论和弗一致双面论都是非经典的,但它们完全是经典逻辑的一部分。

(6) 最后一个重要方面是,相对于基于经典逻辑的真理论悖论解决方案,二者在元语言的层面,仍然都以"保持在模型中的真值"去定义有效性。至少这样的保真性是通过相对良好的条件句来表达的。

我们知道,在经典逻辑中,所有有效的论证都是保真的,并且"保真性"是通过实质蕴涵条件句表达的,然而,在非经典的弗完全理论和弗一致双面论中,保真性是不成立的。Field 的弗完全理论拒斥即便是实质蕴涵意义上的保真性;在 Beall 的理论中,给定实质蕴涵条件句,分离律是不成立的。为了更清楚地表明这一点,让我们说得更具体一些。对于一个良好的条件句联结词→,分离规则 MPP 是有效的。现在,假设任意有效的论证 $A_1, \cdots, A_n \vdash B$ 的"保真性"是通过如下良好的条件句来表达的:

$$T\langle A_1 \wedge \cdots \wedge A_n \rangle \rightarrow T\langle B \rangle$$

因为 T 具有相互替代性,这样的"保真性"等值于

$$A_1 \wedge \cdots A_n \rightarrow B$$

但是,现在,如果我们可以从一个给定论证的有效性推出给定的保真性的断定,那么我们就可以从 MPP 规则的有效性推出如下结论:

$$A \wedge (A \rightarrow B) \rightarrow B$$

这正是 MPP 规则,再由 Curry 悖论,就导致了平庸的结论。这是任何一个理论都不希望的。因此,在 Beall 的理论中,不能真正地断定所有有效的论证都是保真的。[①]

[①] 以上讨论可参见 [Bea09]、[Fie08b]、[Pri06]、[Pri06] 等。

二者的不同主要表现在以下几个方面：

（1）二者的理论出发点不同。弗完全理论拒斥排中律的成立，弗一致理论拒斥爆炸规则（$A, \neg A \vdash B$）（从矛盾推出一切）的成立。前者正是弗完全理论之所以称为弗完全的缘由所在，后者正是弗一致理论之所以称为弗一致的缘由所在。

（2）"良好的条件句"在二者理论中的行为模式是不同的。关于这一点，书中相应的章节有比较详细的讨论，此不赘述。

（3）关于否定方面的不同。对 Beall 来说，接受否定是可穷举的就是接受排中律。Beall 认为，否定是可穷举的，也就是说，每个句子或者是真的，或者是假的。然而，Field 并不这么认为，在 Field 的理论中，排中律是失效的，语言中的一些句子，如说谎者语句既不是"确定性的真"，也不是"确定性的假"。

（4）二者的一个显著的不同是，尽管二者都是非平庸的，但 Field 的理论是非平庸但一致的，而 Beall 的理论是非平庸但不一致的。

（5）对待悖论的态度是不同的。为了避免悖论导致的矛盾，绝大多数的理论学派都希望通过找出悖论产生的原因，然后达到"避免""禁止"或者"消除"悖论的目的。弗完全理论就是这样的一个例子，它通过拒斥排中律的使用，引进一个新的条件句等方式构建一个新的理论，千方百计地限制悖论性语句的出现；而弗一致理论则坦然接受悖论性语句的存在，把悖论中矛盾的存在看作"正常状态"，认为矛盾可以是真的，并且可以被合理地相信为真，只是通过修正经典逻辑中的某些推理规则防止悖论性语句向灾难性方向扩散。弗一致理论的这一内在原理与 Herzberger "不压制悖论，让悖论自己显示自身的本性"[①] 的思想是相通的，都主张应该接受悖

---

① 参见［Her82］，p.135。

论,"学会与悖论一起好好相处"①。

Beall 的双面真理论也引来了一些批评,其中一个批评就是尽管他宣称自己是一个双面论者,事实上,他也是一个空缺论者。

按照空缺理论的定义,Kripke 的基础弗完全理论是一个空缺的理论,在该理论中,对说谎者语句的断定是既不为真也不为假;而 Field 认为他本人提出的高级弗完全理论既不是空缺的理论也不是过满的理论,并且对于说谎者语句的如下断定他一概反对:"说谎者语句是真的;说谎者语句是假的;说谎者语句是既不真也不假的;说谎者语句是既真又假的。"② Field 的做法是在理论中引进一个确定性的概念,把说谎者语句看作非确定性的例示,认为说谎者语句既不确定性真也不确定性假;Priest 的弗一致双面论在形式技术上完全基于 Kripke 的强克林不动点理论,只不过它把 Kripke 理论中的"真值空缺"对偶地转化为"真值过满",因而 Priest 的理论是一个过满的理论;Beall 宣告自己是一个关于真的过满理论者,Field 却认为,Beall 事实上既是一个过满理论者同时也是一个空缺理论者:在 Beall 的理论中,具有相互替代性的真引起了过满,句子既是真的又是真的否定。但是给定具有相互替代性的真的逻辑,却导致了空缺理论。空缺理论者断定有些句子既不真也不假,Beall 也一样承认这一点。例如,令 A 是一个真值过满的语句(像说谎者一样的三角壁)。在 Beall 的逻辑中,一旦断定了 $T\langle A\rangle \wedge \neg\, T\langle A\rangle$,由相互替代性规则,也就是断定 $\neg\, T\langle A\rangle \wedge \neg\, T\langle \neg A\rangle$,而这正断定了 A 真值空缺——既不真也不假。并且,在 Beall 的理论中 $A \wedge \neg\, A$ 和 $\neg\, A \wedge \neg\, \neg\, A$ 也都是真的。③

Beall 在回应 Field 的质疑时认为尽管他的批评意见是无误的,

---

① 参见 [Her82], p.135。
② 参见 [Fie10], p.419。
③ 参见 [Bea09], pp.104–105。

但这并不能伤害到其理论。Beall 进一步论述道，没有任何一个接受相互替代性规则的过满理论者，能够只接受一个句子是过满的而不接受该句子是空缺的，反过来也成立。Beall 理论中所倡导的三角壁恰恰是这样一个古怪的东西：它们既真又假，既不真也不假。这样说来，任何过满的也是空缺的。

第六章　结语

解决真理论悖论，不可避免地会面对"什么是真"这样的问题。Tarski-真之不可定义性定理却表明，回答"什么是真"这样的问题必须要面对如下困难：既想保证 Tarski-等值式成立，又要使得通常的逻辑规律不失效，我们就有出现矛盾的可能：一旦所讨论的语言足够丰富，以至于该语言可以表达它们自身的句法，那么对真概念的一个完全的定义将会导致说谎者悖论而出现矛盾。即

经典逻辑 + 语言封闭性 + Tarski-等值式

这一组合导致矛盾。[①]

在解决真理论悖论的形式理论中，Tarski-等值式作为控制真的根本的概念性原则是不可动摇的。无论是 Tarski、Kripke、Field 还是 Beall 都试图在理论中保持 Tarski-等值式这一"真概念的共识和日常用法"，我们在考察各个理论优劣时也把是否满足 Tarski-等值式作为一个重要的参照标准。但 Tarski 真之不可定义性定理却表明这个原则不能与逻辑的经典性和语言的封闭性相一致。通过一番仔细考量，我们发现这些条件没有一个是能够轻易放弃的——经典逻辑是不能

---

① 参见［Gup01］，p.92。

轻易放弃的，语言的封闭性是不能轻易放弃的，Tarski-等值式更是不能轻易放弃的。于是就造成了在形式真理论中定义真概念时所必须面对的主要困难。任何解决真理论悖论的理论，都不可避免地要在这三个条件中进行取舍，以便构造出既符合直观又被人们广为接受的解决方案。

语言层级理论放弃了语言封闭性，保留了 Tarski-等值式。基础弗完全理论以语言封闭性为先导，但付出了逻辑经典性的代价；修正理论虽然保住了经典性但最终只能部分地维护 Tarski-等值式；[①] 高级的弗完全理论和弗一致双面论，以非经典的三值逻辑为基础，在保持语言封闭性的情况下，最终使得 Tarski-等值式成立。

基于经典逻辑的语言层级理论把实质良好性看作定义真的必备条件，明确指出形式语言不能包含自身的真谓词——其真概念必须位于比对象语言高一层级的元语言中，像说谎者这样的真理论悖论语句就得到了处理：任何一个语言 L_i 都不会包括"T_i"这个谓词，因而不会包括"这个语句不是 T_i"这样的句子；而虽然 L_i 可能会包括下标较低的"T_j"这个谓词，并因而有"这个语句不是 T_j"这样的句子，但由于"T_j"只真于低级语言 L_j 中的真语句而"这个语句不是 T_j"并非 L_j 中的语句，因而这个语句其实是 L_i 中的一个真语句，而非矛盾的语句，但"这个语句是 L_i 中的一个真语句"在 L_i 中仍无法表达。这样，真理论悖论语句所导致的矛盾就被简单地排除掉了。

然而，当我们使用"真"这个概念时，既没有明确地也没有暗中赋予它一定的下标或阶层，这种对自然语言人为的分层既不自然，也不合乎直观。因此，后来的很多理论，包括当今国际上的两

---

① 关于这一理论的具体探讨可参见 Herzberger 和 Gupta 的文献 [GB93]、[Gup82] 和 [Her82] 等。

大主流方案——真理论悖论的弗完全理论和弗一致双面论都是以语言封闭性为先导。

基础的弗完全理论的一个直接动机就是构造一个满足语言封闭性的形式语言，使得真谓词能够在语言自身中得以表达。为此，用来定义真概念的语义不再是经典二值的，而是非经典的三值逻辑。非经典的三值语言可以表达自身的真谓词是由不动点的存在性得以保证的，其基本特征就是相对于任何"不动点"，这些悖论性语句"既不真也不假"，恰好落入真值空缺中。这说明，一个足够丰富的形式语言，要满足语言的封闭性，必须以放弃语义经典性为代价。相比于语言层级理论，基础的弗完全理论不再简单地对悖论性语句进行排斥，而是对它们进行准确的定性。遗憾的是，Tarski-等值式并非对语言中的所有语句都成立。

高级的弗完全理论和弗一致的双面论都是在基础弗完全理论或基础弗一致理论 LP 的基础上引入了一个良好的条件句，前者借助确定性算子定义了一个"更强的真"（不再是一般的真谓词，而是带有确定性算子的真），发展出了一个既满足 Tarski-等值式又具有不动点解释的、更具表达力的新理论。在该理论中，包含真概念的真理论悖论语句就被归为既不确定性的真也不确定性的假；后者则采取了容忍矛盾的原则，主张有些矛盾为真，将基础弗完全理论中的"真值空缺"对偶地转换成了"真值过满"形成 LP，真理论悖论语句就被归为既真又假的语句。在保持语言封闭性的前提下，使得 Tarski-等值式成立，同时避免得出平庸的结论。

事实上，Tarski 给出了关于 T_0 的定义，也告诉我们如何定义 T_1，等等。阶层性的真谓词是可以在元语言中透过满足的概念去定义的。但一个对"所有"语句的 Tarski-等值式都成立的真谓词，对于 Tarski 来说仍是无法定义的。

尽管 Kripke 宣称，他给出了真概念的定义，而事实情况却是，他所定义的只是具有真值 1（having truth-value 1）的概念。[①] 简单地说，"具有真值 1"是一个古典的元语言中的谓词，遵从排中律：每个语句都或者具有真值 1 或者不具有。但 Kripke 的基础弗完全理论的对象语言中的真谓词 T 不再是经典的，而是非经典三值的，即对语言中的任一语句 A 来说，并非"$T\langle A\rangle$ 或者 $\neg T\langle A\rangle$"都为真。虽然 Kripe 的基础弗完全理论中的真谓词没有使得 Tarski-等值式普遍有效，但却使得相互替代性原则成立，对于理论中的任一语句 A，A 和 $T\langle A\rangle$ 是随处可以相互替换的。因而，在一个较弱的意义下，我们说 Kripke 的理论包含了自身的真谓词。

Field、Priest 和 Beall 等都认为日常的绝对的真概念是一致的，至少是非平庸的，高级弗完全理论通过限制经典逻辑中的排中律，弗一致的双面论通过限制经典逻辑中的爆炸律，最终使得形式语言可以包含自身的真谓词。

Field 的高级弗完全理论可以说是继 Tarski 在 1936 年《形式化语言中的真概念》中提出的真理论之后最有价值的一个理论，它不仅有着深刻的哲学分析，而且有着精确的形式技术上的处理。正是哲学思想和逻辑技术的有机结合，从而创造出了一个在直观上具有可接受性、在理论内容上具有广泛的适用性和较强的解释力、在推理上具有一致性的新理论，把对悖论的研究提升到了一个前所未有的新高度。

然而，Field 的高级弗完全理论也存在一些不太合理的结果和一些值得我们进一步思考的问题。例如，对条件句的赋值及修正规则进行定义的依据是什么？我们能否调整对条件句的定义，给出一个不同的赋值和修正规则？为什么使用不动点来解释条件句的赋值函数？如果根据 Kripke 的构造法，我们一开始假设真谓词的外延和反

[①] 参见 [Fie08b]，pp. 68 – 70。

外延是两个空集合，可否假设所有说真话者语句在真的外延或反外延中呢？对于该理论中的一些不太合乎直观的结果，像 $T\langle\eta\rangle \rightarrow \neg T\langle\eta\rangle$ 和 $\neg T\langle\lambda\rangle \rightarrow T\langle\eta\rangle$ 等在高级弗完全系统中的最终赋值都是 1，如何调整才能避免出现诸如此类的结果呢？还有，我们能给条件句逻辑一个更完全的公理化系统吗？① 如此等等，都需要我们去更深入地探讨。

---

① 参见 [Li, Wang11b]，p. 12。

附录

古朴塔及贝尔那普的真理修正理论述评[*]

王文方

摘要：本论文旨在介绍并评论古朴塔及贝尔那普的真理修正理论。第一节说明 T-双条件句与说谎者语句间的紧张关系，并说明真理修正理论的目标。第二节说明真理修正理论的主要主张。第三节说明真理修正理论中的两个形式语义论系统 S^* 和 $S^\#$。第四节说明真理修正理论中的一个自然演绎法演算系统 C_0，并借此检视语义悖论与循环定义。在第五节中，我则仔细检视真理修正理论的一些结果，讨论针对该理论所发现的反例，并简略提出我对真理问题的看法。我的结论是：尽管真理修正理论在逻辑上清楚、目标上部分成功，但我们仍有好的理由去反对它。

关键词：真理修正理论；循环定义；语义悖论；T-双条件句；塔斯基

---

[*] 本文原载《欧美研究》第三十六卷第一期（2006 年 3 月），第 1—46 页。

附录　古朴塔及贝尔那普的真理修正理论述评

一　背景

塔斯基（Tarski, 1944, 1983）认为，一个可以被接受的、有关某个对象语言 L 的真理理论不仅应该在形式上是正确的（formally correct），而且应该在实质上是恰当的（materially adequate）。所谓"形式上正确的"，塔斯基部分指的是，尽管表达这个理论的后设语言 L' 应该包含"在 L 中为真"这样的述词，但 L 和 L' 却不可以包含自己的真述词。而这也就是说：L 不可以包含"在 L 中为真"这个述词，而 L' 也不可以包含"在 L' 中为真"这个述词；换句话说，L 及 L' 都不可以是语义上封闭的（semantically closed）语言。所谓"实质上恰当的"，塔斯基则指的是，这样的理论应该逻辑蕴涵所有具有下面这种形式的 T-双条件句（T-biconditionals）：[①]

　　（T）　X（在 L 中）为真若且唯若 p

其中，X 是 L 中任一语句在语言 L' 里的标准名称，而 p 则是该语句在 L' 中的翻译。如果语言 L' 恰好包含 L 作为其一部分，而且如果 L' 使用引号作为建立语句标准名称的工具，[②] 那么，一个在实质上恰当的真理理论便应该逻辑上蕴涵所有具有下面这种形式的 T-双条件句：

　　（T）　「p」（在 L 中）为真若且唯若 p

[①] 塔斯基（Tarski, 1983）对实质恰当性的要求其实有两项，另一项是要求该理论必须逻辑上蕴涵这样的结果：所有可以说得上为真的事物都是语句。由于这个额外的要求对我们以下的讨论并非紧要，我们在此略去不予考虑。

[②] 其他有系统地建立语言标准名称的方式还包括使用塔斯基（Tarski, 1983）所谓的"架构名"（structural-descriptive names）、使用哥德尔数码（Godel numbering），等等。

"形式正确性"要求的一个结果是：后设语言 L' 与对象语言 L 绝对不能是同一个语言。由于自然语言通常包含自己的真述词，因此塔斯基认为他的真理理论并不适用于自然语言之上（Tarski, 1983：155-65；1944）。①②

古朴塔和贝尔那普（Gupta & Belnap, 1993）并没有接受塔斯基对真理理论的全部看法；他们尤其明白反对塔斯基对"形式正确性"的要求，认为这不仅会消减语言的表达能力，同时也限制了真理理论可以应用的范围。古朴塔和贝尔那普相信，就算（T）中的语言 L 是一个像中文一样的日常语言，而且就算 L 和 L' 是同一个语言，（因而 L——也就是 L'——包含自己的真述词），上述的每一个 T-双条件句仍然在分析上是真的，并且共同穷尽了真理这个概念或"是真的"这个述词的"内涵"（intension）；用古朴塔和贝尔那普自己的话来说："T-双条件句固定（fix）了真理的内涵。"③他们称这样的主张为"内涵性主张"（intension thesis）。

问题是，塔斯基之所以认为"形式正确性"的要求对任何可被接受的真理理论都是必要的，那是因为他相信，一个包含自己的真述词的"丰富"语言会产生像（说谎者）（the Liar's）：

---

① 更正确地说：塔斯基（Tarski, 1983）认为自然语言是全般性的（universal）语言——任何在其他语言中能被表达的内容，在自然语言中都能被表达——因而不可能在这样的语言中定义其真理概念而不导致矛盾。

② 塔斯基的理论直到现在仍有一些人奉为圭臬，并认为原则上可以适用在自然语言身上，如帕森斯（Parsons, 1974）和博鞠（Burge, 1979）。克里普齐（Kripke, 1975）说这些人的看法在当时是"正统途径"（orthodox approach）的看法。克里普齐对正统途径的看法提出了许多有力的批评，也提出了自己的"固定点理论"（fixed point theory）。这些理论和批评都是在真理理论的讨论上极为重要的文献。不幸的是，本文由于篇幅限制无法详谈，但我拟于将来另外撰写一篇专文讨论。

③ 详见古朴塔和贝尔那普（Gupta & Belnap, 1993：25）及古朴塔（Gupta, 2001）。古朴塔（Gupta, 2001）谨慎提醒我们：接受"内涵性主张"——把 T-双条件句当成固定真理的内涵，或固定真理在每一个可能世界中的外延——并不等于认为 T-双条件句共同固定了真理的"意义"。对古朴塔和贝尔那普来说，"意义"似乎是一个比"内涵"来得更丰富的概念。

附录 古朴塔及贝尔那普的真理修正理论述评

（说谎者）（说谎者）不是真的

这种语义上吊诡的语句，因而变得不一致（inconsistent）：①

（证明一）

1. （说谎者）= "（说谎者）不是真的"
2. "（说谎者）不是真的" 是真的若且唯若（说谎者）不是真的
3. （说谎者）是真的
4. "（说谎者）不是真的" 是真的　　　　　　1, 3, Identity
5. （说谎者）不是真的　　　　　　　　　　　2, 4, Logic
6. （说谎者）不是真的　　　　　　　　　　　3-5, R. A. A.
7. "（说谎者）不是真的" 是真的　　　　　　2, 6, Logic
8. （说谎者）是真的　　　　　　　　　　　　1, 7, Identity
9. 矛盾　　　　　　　　　　　　　　　　　　6, 8.

如果古朴塔和贝尔那普反对"形式正确性"这个要求，他们要如何避免他们的真理理论陷入吊诡，并变得不一致呢？事实上，古朴塔和贝尔那普接受塔斯基在这里的部分看法，认为一个包含自己的真述词的语言的确会产生吊诡的语句，但他们并不认为这些吊诡的语句会导致不一致。他们认为，塔斯基之所以相信吊诡的语句会导致不一致，那是因为塔斯基将 T-双条件句做了过度简单的解读——也就是将其中的"若且唯若"解读为实质等值（material equivalence）——的结果。他们坚信，如果我们正确描述真理这个日常概念，并且正确理解 T-双条件句的角色功能，那么，我们将会

---

① （说谎者）是形式上最简单的自我指涉的吊诡语句。除（说谎者）以外，丰富的语言还可能产生 n 个互相指涉的吊诡语句。类似的评论适用于以下的（老实人）。

111

了解为什么类似〈说谎者〉这样的语句会是语义上吊诡的，但却不必担心一个丰富的语言会因此变得不一致。更明确地说，古朴塔和贝尔那普想要提供一个能够达成下列这几项目标的真理理论：①

1. 这个理论的对象语言可以是像日常语言一样丰富的语言。
2. 这个理论要能够符合内涵性主张。
3. 这个理论要能够说明为什么"是真的"一词在日常许多的应用上并不成问题。而它也要能够说明，为什么像〈说谎者〉这样的语句会是吊诡的，而像〈老实人〉(the Truth Teller)：

〈老实人〉〈老实人〉是真的

这样的语句则是"怪怪的"或"病态的"(pathological)。②

4. 这样的理论会是逻辑上一致的。

二　循环定义与真理概念

古朴塔和贝尔那普(Gupta & Belnap, 1993: 113 – 143)认为，提出这样一种真理理论的关键，在于先行提供一个一般性的、有关循环定义的语义论与逻辑理论；而这是因为：中文里"是真的"这个述词所表现出来的语义与逻辑行为，与循环定义的语词所表现出来的语义与逻辑行为间"有着惊人的相似性！"就真理这一方面来说，对于许多的语句而言，要决定"是真的"这个述词是否

---

① 以下第2、3两点是古朴塔和贝尔那普(Gupta & Belnap, 1993)在第一章末明白揭示的目标，第1、4两点则隐含在该章各处。
② 〈老实人〉这个句子的病态性在于：没有任何的非语义事实足以决定这个句子的真或假；或者说，不论我们假设它为真或为假，这样的假设都兼容于所有的非语义事实。因而，如果我们必须对它赋予一个真假值的话，这样的赋值可以是任意的。

能够应用在它们身上并不成问题；比方来讲，所有的人都会同意："雪是白的"和"王文方是男人"是真的，而"雪是绿的"和"王文方是女人"则不是真的。但对于像（说谎者）和（老实人）这样的语句来说，将"是真的"一词应用在它们身上，则会产生令人困惑的结果：对于（说谎者），无论我们将"是真的"一词应用或不应用在它身上，似乎都会导致矛盾的结果；而对于（老实人），则不管我们将"是真的"一词应用在它身上与否，都不会抵触任何的非语义事实。简单地说，"是真的"一词在一些语句（如（说谎者））的应用上展现出病态的"吊诡性"（paradoxicality），在另一些语句（如（老实人））的应用上展现出病态的"任意性"（arbitrariness），但在其他语句的应用上则没有任何问题。类似地，许多循环定义的语词也展现出类似的语义行为。比方说，下面这个循环定义（D_1）：

$$(D_1)\ Gx =_{df} (x = 苏格拉底) \lor (x = 柏拉图 \land \neg Gx) \lor (x = 亚里士多德 \land Gx)$$

其中的被定义端"G"就展现出与日常语言中"是真的"一词极为相似的语义行为。如果我们以一个事物是否满足（D_1）的定义端来作为它是否是 G 的标准，那么，我们可以很容易地看出，苏格拉底毫无疑问是 G（因为苏格拉底满足第一个选取项，因而满足整个的定义端），而苏格拉底、柏拉图及亚里士多德之外的东西则毫无疑问地不是 G（因为这些东西并不满足定义端中的任何一个选取项）。至于柏拉图和亚里士多德，假设他们是 G（或不是 G）则分别会导致吊诡与任意的病态结果。假设柏拉图是 G，那么，根据这个假设，柏拉图不满足定义端中的任何一个选取项，因而柏拉图不是 G；但如此一来，柏拉图等于柏拉图且不是 G，因而柏拉图满足了第二个选取项和整个的定义端,因此柏拉图是 G。简单地说,柏拉图是 G 若且唯若柏拉图不是 G。至于亚里士多德,我们最多可以说的是:如果他是 G,则他是 G;而如果他不是 G,那么他就不是 G。

    这些存在于日常语言真理概念与循环定义间的相似行为启发了古朴塔和贝尔那普,他们大胆地主张(Gupta & Belnap, 1993:113 – 143):日常语言中的真理概念其实是循环概念的一种,因而只有以循环的方式才可以适当地去定义它的内涵。的确,如果我们将中文里的每一个 T-双条件句都看作是对中文真理概念的一个"局部性定义"(partial definition)——塔斯基有时就是这样认为的①——那么,下面这两个"局部定义"中的任何一个都足以显示日常中文里的真理概念的确是循环的:②

    (D_2)"这句话不是真的"为真若且唯若($=_{Df}$)这句话不是真的

    (D_3)"这句话是真的"为真若且唯若($=_{Df}$)这句话是真的

    事实上,古朴塔和贝尔那普认为,如果"A_1",…,"A_n"…等列举了语言 L 中的每一个语句,那么,所有有关这些 L 语句的 T-双条件句便"共同固定了真理的内涵";或者,换一个方式说,古朴塔和贝尔那普认为(1993:133),下面这个具有无限长度的定义(DT):

---

    ① 塔斯基(Tarski,1944):"每一个 T-双条件句……或许可以被看作是真理的一个局部性定义,这样的 T-双条件句说明了个别语句为真的条件。就某个意义来说,真理的一般性定义必须等于所有这些局部定义的和取。"
    ② 类似的想法亦见于亚魁柏(Yaqub, 1993:36 – 42)。

附录　古朴塔及贝尔那普的真理修正理论述评

(DT) x（在 L 中）是真的 $=_{Df}$ $(x =$ " A_1 " $\wedge A_1) \vee \cdots \vee$ $(x =$ " A_n " $\wedge A_n) \vee \cdots$

不多不少地穷尽了（是 L 中的）真理这个概念的内涵。如果 L 是像日常中文一样，其中至少有些语句包含了"是真的"这个述词，那么，(DT) 便很明显是个循环的定义，而"是真的"这个述词也就很明显地代表了一个循环的概念。

问题是，就算我们接受日常的真理概念应该以循环的方式来加以定义的这种说法，传统上，循环定义仍然被认为是一种要不得的定义方式；而这是因为：(1) 循环定义被认为违反定义的非创造性（non-creativity）要求：某些原来无法被证明的、与循环定义无关的句子，在加入循环定义后变得可以证明了；(2) 循环定义被认为违反被定义端的可被排除性（eliminability）要求：某些包含了被定义端的语句并不在逻辑上等值于任何一个不出现在该被定义端的句子。[①] 关于 (2)，我们只要想象（说谎者）这样的语句就可以了。至于 (1)，则考虑下面这个有关 G 的循环定义 (D_4)：

(D_4) $Gx =_{df} Fx \vee (Hx \wedge \neg Gx)$

以下的推论似乎显示说：我们可以从定义 (D_4) 先验地推论出"所有的 H 都是 F"，因而 (D_4) 是一个创造性的定义！

（证明二）

[①] 有关非创造性和可被排除性的要求，详见萨匹斯（Suppes, 1972）section 2.1。

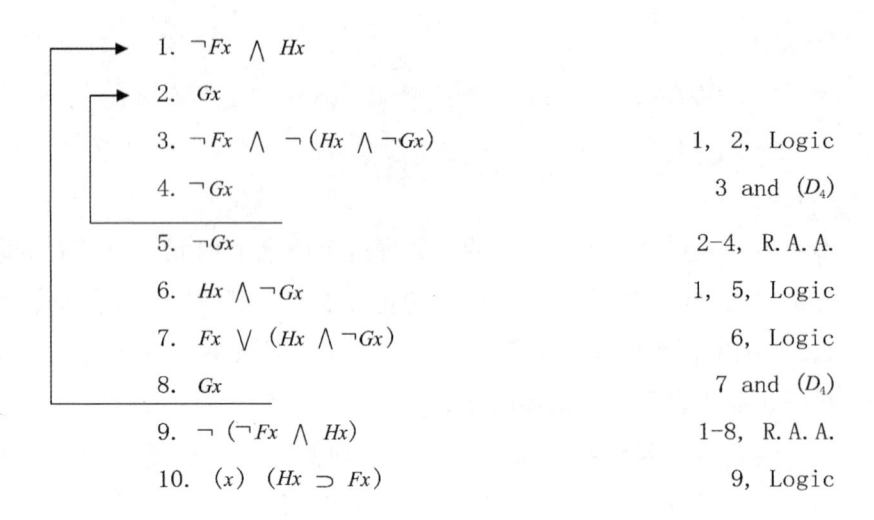

1. $\neg Fx \wedge Hx$
2. Gx
3. $\neg Fx \wedge \neg (Hx \wedge \neg Gx)$ 1, 2, Logic
4. $\neg Gx$ 3 and (D_4)
5. $\neg Gx$ 2-4, R.A.A.
6. $Hx \wedge \neg Gx$ 1, 5, Logic
7. $Fx \vee (Hx \wedge \neg Gx)$ 6, Logic
8. Gx 7 and (D_4)
9. $\neg (\neg Fx \wedge Hx)$ 1-8, R.A.A.
10. $(x)(Hx \supset Fx)$ 9, Logic

不过，古朴塔和贝尔那普论证指出，上述有关循环定义会违反非创造性要求的说法，其实是不正确的：如果我们正确理解与循环定义有关的逻辑推论规则，我们将会看出，像这种用来论证循环定义会违反非创造性要求的"证明"，都是逻辑上的谬误（详见下文）。至于（2）中所提到的可被排除性要求，古朴塔和贝尔那普则认为过于严苛。他们相信，非创造性要求的目的，在于确保定义的功能只在"固定意义而不做实质断说"（Gupta & Belnap, 1993：128），但可排除性要求则无此功能。古朴塔和贝尔那普相信，如果我们放弃被定义端的可被排除性要求，那么，对循环定义的语义功能与逻辑规则作出一个恰当的说明是可能的，因而循环的定义可以被看作是合法的定义。

如果我们把循环定义看作是合法的定义，我们应该如何去理解它们的语义功能呢？循环定义与一般定义的语义功能间又有什么样的区别？古朴塔和贝尔那普认为，我们可以把任何的语言定义"$Gx =_{df} \phi x$"看作是在提出一项规则：这个规则告诉我们如何在任意的一个模型中，根据论域里的事物是否满足"ϕx"这件事来决定

"G"在该模型里的外延。对于一般的定义来说，由于定义端中所使用的概念在模型里都已经事先被赋予一定的外延，因而我们可以根据该定义所提供的规则去明确地决定被定义端的外延。我们可以说，一般的非循环定义提供给我们一个决定被定义端外延的"绝对性规则"（categorical rule）。但循环的定义则非如此；循环定义的问题在于被定义端总是出现在定义端中，因而在决定被定义端的外延时，我们得先决定定义端里的每个概念——包括被定义端——的外延，但如何决定被定义端的外延正是问题所在！不过，虽然一个关于"G"的循环定义并不能提供给我们一个决定"G"外延的绝对性规则，但古朴塔和贝尔那普认为，它还是能够提供给我们一个决定"G"外延的"假设性规则"（hypothetical rule）：在假设"G"的外延是论域的一个子集合 X 的情况下，这个规则决定了一个相对于这个假设 X 的新外延。古朴塔和贝尔那普称循环定义所提供的假设性规则为"修正规则"（rules of revision），他们说："将这样的规则运用在被定义端的假设外延之上时，这个规则会产生一个比原来的假设来得更好的——或至少一样好的——新外延。"（Gupta, 2001）

以前述（D_1）这个循环定义为例，虽然（D_1）并不能够提供一个决定"G"外延的绝对规则，但它还是能够提供下面这样的一个修正规则：

（RG）假设"G"的外延是 X，则"G"的新外延是所有（或者等于苏格拉底，或者等于柏拉图但不属于 X，或者等于亚里士多德且属于 X）的东西所形成的集合。

如果 X = {陈水扁、苏格拉底}，则这个规则所产生的新外延是 {苏格拉底、柏拉图}；而这是因为，在假设"G"的外延 X 是 {陈水扁、苏格拉底} 的情形下：苏格拉底等于苏格拉底，柏拉图等于柏拉图但不属于 X，而其他的人则不满足上述选取式中的任何一项。如果 X = {陈水扁、柏拉图}，则这个规则所产生的新外延是 {苏格拉底}；而这是因为，在假设"G"的外延 X 是 {陈水扁、柏拉图} 的情形下，苏格拉底还是等于苏格拉底，而其他的人则不满足上述选取式中的任何一项。最后，如果 X = {亚里士多德}，则这个规则所产生的新外延是 {苏格拉底、柏拉图、亚里士多德}；而这是因为，在假设"G"的外延 X 是 {亚里士多德} 的情形下：苏格拉底等于苏格拉底，柏拉图等于柏拉图但不属于 X，亚里士多德则等于亚里士多德且属于 X，而其他的人则不满足上述选取式中的任何一项。事实上，不论 X 是一个什么样的假设，苏格拉底一定会属于 (RG) 这个规则所产生的新外延，而苏格拉底、柏拉图和亚里士多德之外的事物则一定不会属于这个新外延。至于柏拉图和亚里士多德，我们则可以很容易地看出：如果柏拉图属于 X，则他将不会属于新的外延，反之亦然；而如果亚里士多德属于（或不属于）X，则他还是会继续属于（或不属于）所产生的新外延。我们可以将上述有关 (RG) 的这些讯息简单表述如下（以下 RG (X) 代表以规则 (RG) 修正假设 X 后的结果）：

对于所有的 X 来说，苏格拉底 $\in RG(X)$；
对于所有的 X 来说，柏拉图 $\notin RG(X)$ 若且唯若柏拉图 $\in X$；
对于所有的 X 来说，亚里士多德 $\in RG(X)$ 若且唯若亚里士多德 $\in X$；
对于所有的 X 及 d 来说，如果 $d \neq$ 苏格拉底 $\wedge$ $d \neq$ 柏拉图 $\wedge$ $d \neq$ 亚里士多德，则 $d \notin RG(X)$。

对古朴塔和贝尔那普来说，中文里的真理概念既然是一个循环的概念，有关它的定义——也就是所有的 T-双条件句或 (DT) ——自然也只能提供一个假设性的修正规则：在假设某些语句为真的情况下，这个规则产生出一个有关真理的新外延。我们可以将这个规则表示如下：

(RT) 假设"是真的"的外延是 X，则它的新外延是所有或者（等于"雪是白的"且雪是白的），或者（等于"'雪是白的'是真的"且"雪是白的"属于 X），或者……或者（等于"这个语句是真的"且这个语句属于 X），或者……或者（等于"这个语句不是真的"且这个语句不属于 X），或者……的语句所形成的集合。

为了说明 (RT) 这个规则的实际应用，我们来看一些例子。如果我们的假设是：没有任何的中文语句是真的——换句话说，如果我们假设"是真的"这个述词的外延是空集合——那么，将 (RT) 应用到这个假设上将产生一个包括下列各语句的新集合 Y：

雪是白的；草是绿的；陈水扁是男人；吕秀莲是女人；……

因在假设没有任何中文语句为真的情形下，"雪是白的"仍然等于"雪是白的"，而且实际上雪是白的，而"草是绿的"还是等于"草是绿的"，而且实际上草是绿的……但 Y 并不包括下面这些中文语句：

"雪是白的"是真的；"草是绿的"是真的；"陈水扁是男人"是真的；……

而这是因为：在假设"是真的"这个述词的外延是空集合的情

形下,"雪是白的"、"草是绿的"、"陈水扁是男人"等都不属于这个假设下的集合。①不过,如果我们改以 Y 来作为我们的新假设,那么,将 (RT) 应用在 Y 上所产生的新集合将包括上述那两组语句,但不包括下面这些语句:

"'雪是白的'是真的"是真的;"'草是绿的'是真的"是真的;……

为了让读者更深刻了解 (RT) 这个规则,我们再看一个例子。这次,我们假设我们的语言当中只有三个语句:(说谎者)、(老实人)和"雪是白的"。如果我们假设这三个句子当中没有一个是真的,那么,(RT) 这个规则所产生的新外延是 {"雪是白的"、(说谎者)}。因为在假设"是真的"一词的外延是空集合的情形下,"雪是白的"等于"雪是白的",而且雪的确是白的,而(说谎者)等于(说谎者),而且的确(说谎者)不属于"是真的"一词的外延。至于(老实人),虽然(老实人)等于(老实人),但(老实人)所说的内容(即说它自己属于"是真的"一词的外延)却非如此,因此它不属于新产生的外延。类似地,如果我们假设这三个语句都是真的,那么,(RT) 这个规则所产生的新外延是 {"雪是白的"、(老实人)};而这是因为,在假设"是真的"一词的外延是所有语句的情形下:"雪是白的"等于"雪是白的",而且雪的确是白的,而(老实人)则等于(老实人),而且(老实人)的确属于"是真的"一词的外延。至于(说谎者),虽然(说谎者)还是等于(说谎者),但(说谎者)所

---

① 不用说,Y 也不会包括下列这些句子:雪是黑的;草是红的;陈水扁是女人;吕秀莲是男人;……因为,在假设没有任何中文语句为真的情形下,虽然"雪是黑的"还是等于"雪是黑的",但实际上雪并不是黑的;……

说的内容（即说它自己不属于"是真的"一词的外延）却非如此，因此它不属于新产生的外延。读者可以自己验证把（RT）应用到其他假设上的结果；我们可以将这些结果简单地表述如下（以下箭头的左边代表我们的假设，箭头的右边则代表以（RT）修正这个假设后的结果）：

∅→｛"雪是白的"、（说谎者）｝

｛"雪是白的"｝→｛"雪是白的"、（说谎者）｝

｛（老实人）｝→｛"雪是白的"、（老实人）、（说谎者）｝

｛（说谎者）｝→｛"雪是白的"｝

｛"雪是白的"、（老实人）｝→｛"雪是白的"、（老实人）、（说谎者）｝

｛"雪是白的"、（说谎者）｝→｛"雪是白的"｝

｛（老实人）、（说谎者）｝→｛"雪是白的"、（老实人）｝

｛"雪是白的"、（老实人）、（说谎者）｝→｛"雪是白的"、（老实人）｝

虽然真理的修正规则只具有暂时性的假设特性，但古朴塔和贝尔那普认为，适当地运用这个规则还是可以让我们对每一个语句是否为真作出"绝对性"（categorical）的判断，而一个真理修正理论（revision theory of truth）最重要的工作就在于说明这样的"转折"如何可能。[1] 现在让我们问：如何从真理的暂时性假设规则过渡到对语句真假的绝对性判断？古朴塔和贝尔那普的答复是：当面对一

---

[1] 更广泛一点地说，虽然任何有关循环概念 G 的修正规则只具有暂时性的假设特性，但古朴塔和贝尔那普相信，适当地运用这个规则仍然可以让我们对每一个事物是否为 G 作出"绝对性"的判断，而一个修正理论最重要的工作就在于说明这样的转折如何可能。本节以下有关真理的说明，稍作修正之后，同样可以应用到任意一个循环概念之上。

个模型时，我们不应该只考虑少数几个有关"是真的"一词的可能假设外延，而应该考虑该词的所有可能外延。甚者，在考虑该词的每一个可能外延时，我们利用 T-双条件句或（DT）所提供的修正规则，对该假设及修正后的结果作出一序列（sequence）、任意无限多次①的应用或"修正"。有些最初的假设会在这样的修正序列中被"淘汰"而不再出现，而其他的最初假设则会在这样的修正序列中最终"存活下来"并一再地重复出现。②让我们称前者为"不够好的假设"，而称后者为"最好的假设"（best hypotheses）。③古朴塔说：

> 如果一个语句在所有最好的假设下都成立（holds），那么，它就是绝对的真（categorically true）。如果一个语句在所有最好的假设下都不成立（fails），那么，它就是绝对的假（categorically false）。而如果一个语句既非绝对的真也非绝对的假，那么，它便是一个病态的（pathological）语句。

再以之前那个只包括（说谎者）、（老实人）和"雪是白的"的简单语言为例，如果我们对这个语言的每一个假设都作出一序

---

① 所谓"任意无限多次的序列"，我们指的是：或者长度是某个极限基数的序列，或者长度包括了每一个序数的序列，后者也就是长度等于 On 的序列。有关这个说法较为精确的说明，详见下一节有关"修正序列"的定义。

② 所谓"一再地重复出现"，包括连续地及间歇地一再重复出现两种，而后者的间歇性则包括规则的和不规则的两种。在下一节里，我们将给这个概念一个明确的定义，详见"递归"（recurrent）假设的定义。

③ 虽然前述的定义（D_1）并不是在定义真理这个概念，不过，我们也可以利用它来说明这里的几个概念。假设我们以 {苏格拉底、亚里士多德} 这个集合作为我们最初的假设，那么，重复地将（RG）应用在这个假设和修正后的结果之上，将会产生下面这样一个有关"G"的外延序列：{苏格拉底、亚里士多德} → {苏格拉底、柏拉图、亚里士多德} → {苏格拉底、亚里士多德} → {苏格拉底、柏拉图、亚里士多德} →……由于这个假设在这个序列中终将一再地重复出现，因此我们可以说它是一个最好的假设。

列、任意无限多次的修正,我们将会发现:｛"雪是白的"｝、｛"雪是白的"、(老实人)｝、｛"雪是白的"、(说谎者)｝及｛"雪是白的"、(老实人)、(说谎者)｝这四个假设会在以它们开始的修正序列中一再地重复出现,因而是所谓"最好的假设"。而其他四个假设则是不够好的假设。有关这一点,我们可以从图1中清楚地看出。

```
∅→｛"雪是白的"、(说谎者)｝←→｛"雪是白的"｝←｛(说谎者)｝
    ｛(老实人)｝→｛"雪是白的"、(老实人)、(说谎者)｝←→｛"雪是白的"、
(老实人)｝←｛(老实人)、(说谎者)｝
```

图1

图1摘要了以(RT)修正这个语言中任意假设的结果。从图1中我们可以看出:不论我们从哪个假设开始,每一个修正序列最后一定会在上一排中间的两个集合间往复徘徊,或者在下一排中间的两个集合间往复徘徊。而这也就是说,只有这四个假设才会是一再重复出现的假设。不过,由于只有"雪是白的"这句话在上述这四个最好的假设下才都成立,因此,只有"雪是白的"才是绝对的真。至于(说谎者)和(老实人),它们既非在所有最好的假设下都成立,亦非在所有最好的假设下都不成立;所以,依据定义,它们是病态的语句。

另外一个从真理的假设规则过渡到对语句真假绝对性判断的方法则是这样的:当我们考虑"是真的"一词的每个可能外延时,我们同样利用T-双条件句或(DT)所提供的修正规则,对该假设作出一序列、任意无限多次的应用或修正。当我们这样做之后,就会发现,有些语句会在每个序列的某一点之后都持续稳定地出现而不再消失,而有些语句则会在每个序列的某一点之后都

持续稳定地消失而不再出现。我们称前者为绝对的真的语句，而称后者为绝对的假的语句。至于这两种语句之外的其他语句，我们则称为病态的语句。再以之前的简单语言为例，我们可以很容易地看出："雪是白的"在所有的修正序列中都将持续稳定地出现而不再消失，因而是绝对的真，而其他语句则是病态的语句。乍看之下，这个方法似乎与前述利用"最好假设"的方法不同，不过，在下一节中我们将会看到，这两种"转折"方式的结果其实是一致的。

有关病态的语句，我们还可以再作一点说明。有些病态的语句是这样的：它们会在某些修正序列的某些点之后持续稳定地出现，而在其他修正序列的某些点之后持续稳定地消失。这样的语句，我们可以称为"像老实人的"或"任意的"语句。另外有些病态的语句则是这样的：它们在每一个修正的序列的任何一点之后都不会持续稳定地出现或消失；换句话说，它们在每一个修正序列中都会持续不停地交互出现及消失。这样的语句，我们则可以称为"像说谎者的"或"吊诡的"语句。[1]读者应该可以很容易地看出，在上面的例子里，（老实人）是任意的语句，而（说谎者）则是吊诡的语句。

三 循环定义与真理概念的形式语义论

上述古朴塔和贝尔那普的种种想法可以很容易地加以形式化。

---

[1] 这两类语句并没有穷尽所有的病态语句。亚魁柏（Yaqub, 1993）将古朴塔和贝尔那普所说的病态语句详细区分为五种，本文中的"任意的语句"相当于亚魁柏的"*TF*-任意语句"，而文中所指的"吊诡的语句"则相当于他所谓的"吊诡的语句"。

为了简单起见，我们假设以下所讨论的语言 L 是一个初阶的语言。①

令 $M = \langle U, I \rangle$ 为某个初阶语言 L（不包含述词"G"）的模型，我们称这样的模型为 L 的基础模型（base model）。（M 可以是古典的或多值的模型，这对古朴塔和贝尔那普的理论来说并没有影响。不过，为了简单起见，让我们假设它是古典的模型。）令 L^+ 是将述词"G"加入到 L 后所形成的语言。让我们称 U 的任意一个子集 X 为一个"假设"（hypothesis）。令 M + X 为一个与 M 相同但将"G"的外延解释为 X 的一个模型。那么，一个有关"G"这个述词的循环定义 (D)：

(D) x 是 $G =_{Df} A(x, G)$

在模型 M 中所产生的修正规则 $\delta_{D,M}$，是下面这样一个从 $P(U)$ 映射至 $P(U)$ 的函数：

$\delta_{D,M}(X) = \{d: d$ 在模型 $M + X$ 中满足 $A(x, G)\}$

直觉上，函数 $\delta_{D,M}$ 是这样的一种操作：当它取 X 作为引元（argument）时，它把 X 作为"G"的暂时假设外延，看看在这样的假设下，U 中有哪些事物满足定义端中的语句函数 $A(x, G)$，然后将所有满足 $A(x, G)$ 的事物的集合当作"G"的新外延。

如果我们从任意的一个假设 X 开始，持续地应用这个修正函数 $\delta_{D,M}$ 在 X 及所得到的值之上，那么，我们将会得到一个有关"G"的"假设序列"：$S = \langle X, \delta_{D,M}(X), \delta_{D,M}(\delta_{D,M}(X)), \cdots \rangle$（记得，U

---

① 事实上，古朴塔和贝尔那普（Gupta & Belnap, 1993）的理论可以普遍地应用在高阶、模态及包含多个互相依赖的循环定义的语言之上（比方说：以 F 定义 G，再以 G 定义 F，等等）。但为了简单起见，我们的讨论将限制在只有一个循环定义的初阶语言之上。

的每一个子集 X 都是一个"假设")。如果 S 是"G"在 M 中的任意的一个假设序列且 S = $\langle S_0, S_1, \cdots, S_\alpha, \cdots \rangle$（其中 S_α 是序列 S 中的第 α 项或第 α 个假设），而且如果 S 的长度 $lh(S)$（= S 这个序列的论域（domain））是某个极限序数（limit ordinal）或 On（= 所有的序数的集（class）），那么，我们就说：S 是一个"$\delta_{D,M}$-修正序列"（revision sequence for $\delta_{D,M}$），若且唯若，S 满足下面这两个条件：

1. 如果 α 是一个后续序数（successor ordinal），则 $S_\alpha = \delta_{D,M}(S_{\alpha-1})$。

2. 如果 α 是一个极限序数，那么，对于所有的 $d \in U$ 来说，如果 d 在 $S\lceil\alpha$ 中持续稳定地为 G，则 $d \in S_\alpha$；而如果 d 在 $S\lceil\alpha$ 中持续稳定地为非 G，则 $d \notin S_\alpha$。

其中，$S\lceil\alpha$ 指的是将 S 的论域限制为 α 时所得的假设序列，而所谓"d 在 $S\lceil\alpha$ 中持续稳定地为 G（或非 G）"则指的是：

至少有一个序数 $\gamma < lh(S\lceil\alpha)$ 是这样的：对于所有的序数 β 来说，如果 $\gamma \leq \beta < lh(S\lceil\alpha)$，则 $d \in S_\beta$（$d \notin S_\beta$）。

从直觉上来说，一个在某假设序列中持续稳定为 G（或非 G）的事物，也就是从该序列的某一假设起，就持续不断出现（或持续不出现）在之后每一假设里的事物。而所谓"$\delta_{D,M}$-修正序列"，直觉上指的是这样的一种序列 S：对于每一个假设 S_i，我们让它的下一假设等于用 $\delta_{D,M}$ 去修正 S_i 后的结果；而如果 S_i 本身不是任何假设的下一个（换句话说，i 是一个极限序数），那么，我们就让 S_i 至少包括"所有"在 S_i 以前就已经持续稳定为 G 的事物，但不包括任何持续稳定为非 G 的事物（这并不排除 S_i 还可能包括其他的事物)。

如果我们检视任何一个"$\delta_{D,M}$-修正序列"S,我们会发现,有些假设会一再地重复出现在整个序列S中,而不会消失在某个项之后。我们称这样的假设为在S中"共终的"(co-final)假设。①任何一个假设,只要它在某个长度为On的$\delta_{D,M}$-修正序列中是共终的,我们就说它是一个"$\delta_{D,M}$-递归"(recurrent for $\delta_{D,M}$)假设;从直觉上来说,$\delta_{D,M}$-递归假设也就是在长度为On的$\delta_{D,M}$-修正序列中会一再重复出现的假设,而这也就是古朴塔(Gupta, 2001)认为对$\delta_{D,M}$而言的"最好假设"。但诉诸递归假设这个概念有一个缺点:我们得量限(quantify over)所有的序数,但所有的序数并不形成一个集合(set)。为此之故,古朴塔和贝尔那普另外定义了一个相关的概念。让我们说一个假设X是"$\delta_{D,M}$-α-反身"(α-reflexive for $\delta_{D,M}$)假设,若且唯若,如果我们以X作为最初的假设,X会至少在一个以X开始的$\delta_{D,M}$-修正序列的第α项重新出现。换句话说,一个假设X是"$\delta_{D,M}$-α-反身"假设,若且唯若,至少有一个$\delta_{D,M}$-修正序列S是这样的:$\alpha < lh(S)$,而$X = S_0 = S_\alpha$。而任何一个假设X,只要它对某个序数α来说是$\delta_{D,M}$-α-反身假设,我们就说它是"$\delta_{D,M}$-反身"(reflexive for $\delta_{D,M}$)假设。古朴塔和贝尔那普证明,每一个$\delta_{D,M}$-反身假设也都是一个$\delta_{D,M}$-递归假设,反之亦然。所以,$\delta_{D,M}$-反身假设也就是在长度为On的修正序列中会一再重复出现的假设,而这也就是前面所谓的最好假设。我们可以很容易地证明:不论D是一个什么样的循环定义,而M又是一个什么样的基础模型,由D所产生的修正规则$\delta_{D,M}$一定会有一个以上的最好假设。

现在,我们来说明古朴塔和贝尔那普所提倡的两个语义系统:

---

① X在S中是"共终的"假设,若且唯若,对任何小于$lh(S)$的序数α都存在着一个序数β是这样的:$\alpha D\beta \models lh(S)$而且$S_\beta = X$。

S^* 和 $S^\#$。我们先看 S^*。我们说，"在定义 D 下，语句"A"在模型 M 里是 S^*-有效的"（"A" is valid on D in M in S^*，符号表示为 $M\models^D_S *A$），若且唯若，对于所有的 $\delta_{D,M}$-反身假设 X 来说，"A" 在 $M+X$ 中都为真。从直觉上来说，一个语句在模型 M 里是 S^*-有效的，若且唯若，该语句在 M 的所有最好假设下都成立。如果一个语句"A"在定义 D 下的每一个模型 M 里都 S^*-有效，我们就说"在定义 D 下，"A" 是 S^*-有效的"（"A" is valid on D in S^*，符号表示为 $\models^D_S *A$）。最后，我们说"B"是 $\{$"A_1"，…，"A_n"$\}$ "在定义 D 下，系统 S^* 里一个逻辑结果"，若且唯若，在定义 D 下，"$((A_1 \land \cdots \land A_n) \supset B)$"是 S^*-有效的。这些定义界定了系统 S^* 里的有效语句集和逻辑结果关系。在这些定义下，古朴塔和贝尔那普证明了，S^* 相对于古典逻辑来说是一个强的保守系统；这也就是说：对于任何的定义 D、任何的模型 M，以及任何 L 中的语句"A"，如果 $M\models^D_S *A$，则 $M\models A$。这个结果不仅证明了 S^* 不会违反定义的非创造性要求，同时也证明了 S^* 的一致性。

S^* 的语义论可以很容易地应用到真理的定义上。令 L^T 为将述词"是真的"加入到 L 后所形成的语言，而 L 包含了 L^T 中每个语句的标准名称（我们假设 L 使用引号作为形成语句标准名称的办法）。令 $M = \langle U, I \rangle$ 为语言 L 的基础模型，其中 U 包含了 S^T 这个子集，而 S^T 是 L^T 的所有语句所形成的集合。我们称 S^T 的任意一个子集 X 为一个"假设"。令 $M+X$ 为一个与 M 相同但将"是真的"一词解释为 X 的一个模型。那么，有关真理的循环定义（DT）：

(DT) x 是真的 $=_{Df}$ $(x =$ "A_1" $\land A_1) \lor \cdots \lor (x =$ "A_n" $\land A_n)$ $\lor \cdots$

在模型 M 中所产生的修正规则 $\tau_{D,M}$ 是下面这样一个从 $P(S^T)$ 映射至 $P(S^T)$ 的函数：

附录 古朴塔及贝尔那普的真理修正理论述评

$$\tau_{D,M}(X) = \{x \mid x 在 M+X 中满足 (DT) 的定义端\}$$

其他诸如"$\tau_{D,M}$-修正序列"、"$\tau_{D,M}$-递归假设"、"$\tau_{D,M}$-反身假设"、"在定义 DT 下，语句"A"在模型 M 里是 S^*-有效的"、"在定义 DT 下，"A"是 S^*-有效的"等的定义悉如前述，我们不再重复。让我们说：语句"A"在 M 中是"绝对的真"，若且唯若，在定义 DT 下，语句"A"在模型 M 里是 S^*-有效的。古朴塔和贝尔那普证明：在定义 DT 下，那些在 M 里绝对的真的语句，不但是那些在所有的最好假设下都成立的语句，也恰好是那些在长度为 On 的所有 $\delta_{D,M}$-修正序列中都持续稳定为真的语句。这个结果显示出，我们在前一节中所提到的，两种从真理的假设规则过渡到对语句真假绝对性判断的方法，其结果是一致的。最后，让我们说：语句"A"在 M 中是"绝对的假"，若且唯若，"$\neg A$"在 M 中是绝对的真；语句"A"在模型 M 中是"正常的"（categorical），若且唯若，"A"在模型 M 中是绝对的真或绝对的假；而语句"A"在模型 M 中是"病态的"，若且唯若，"A"在 M 中不是正常的。我们可以很容易地证明以下这几个结果：

1. 如果 L^T 中没有任何一个语句会在 M 里被解释成为一个自我指涉的语句，那么，不仅每一个 $\tau_{D,M}$-修正序列都会到达一个固定点（fixed point），[1] 而且所有的 $\tau_{D,M}$-修正序列都会到达相同的固定点。其结果是：在这样的解释里，每一个 L^T 的语句都是正常的语句。

---

[1] 对任何的假设 X 和任何的函数 f 来说，如果 $f(X) = X$，则 X 是 f 的一个固定点。以此处的函数来说，如果 $\tau_{D,M}(X) = X$，则 X 是 $\tau_{D,M}$ 的一个固定点。

2. 如果 L^T 中的某些语句在 M 里被解释成为〈老实人〉(比方说，$I(c)$ = "c 是真的")，那么，虽然每一个 $\tau_{D,M}$-修正序列仍然可能到达一个固定点，但并非所有序列的每个固定点都会是同一个固定点。如果〈老实人〉一开始便出现在 $\tau_{D,M}$-修正序列的最初假设，它便会持续稳定地待在后来所有的假设里；而如果〈老实人〉一开始便不出现在最初的假设中，则它会持续稳定地消失在后来的所有假设中。换句话说，〈老实人〉在这样的模型中会是病态的、任意的语句。

3. 如果 L^T 中的某些语句在 M 里被解释成为〈说谎者〉(比如说，$I(c)$ = "c 不是真的")，那么，将没有一个 $\tau_{D,M}$-修正序列会到达固定点；〈说谎者〉会在每一个 $\tau_{D,M}$-修正序列里重复地出现、消失、出现、消失，以至无穷。换句话说，〈说谎者〉在这样的模型中会是病态的，而且是吊诡的语句。

4. 就算是在〈老实人〉和/或〈说谎者〉出现的模型中，仍然会有许多的语句是正常的语句，而且是绝对的真的语句（因而它们的否定是正常的、绝对的假的语句）。比方说：所有古典逻辑的定理及 Kripke 所谓"有根基的语句"（grounded sentences）都会是如此。此外，对于任何一个正常的语句"A"来说，"T 'A' ≡ A"也都会是正常的，而且是绝对的真。

从上述这些结果，我们可以很容易地看出古朴塔及贝尔那普如何达成他们原先所设定的理论目标。首先，上述的语言 L^T 是个在语法及逻辑上都相当丰富的语言；它不仅包含了自己的真述词及所有语句的名字，同时它的解释也是古典逻辑式的。其次，在真理的修正理论中，T-双条件句或（DT）的确固定了真理的内涵，但它们固定真理内涵的方式，并不是透过蕴涵所有"'p'是真的 ≡ p"这样形式的实质双条件句（material biconditionals）（我们看到，它们只蕴涵正常语句的实质双条件句),而是透过了修正函数 $\tau_{D,M}$ 去定义了每一个 $\tau_{D,M}$-修正序列中任意两个相邻项间的关系:$x \in S_{i+1}$ 若且唯若 x 在 $M + S_i$ 中满足 (DT) 的定义端。套句古朴塔和贝尔那普(Gupta & Belnap, 1993:138)的话来说:"T-双条件句中的'若且唯若'是定义上等值(definitional equivalence),而非实质上等值。"再者,上述的结果1—4说明了为什么"是真的"一词在日常的应用上并不成问题。它们也说明了为什么像(说谎者)这样的语句会是吊诡的,而像(老实人)这样的语句则会是"病态的"。最后,S^* 的强保守性显示,并非所有 L 的语句在这样的系统中都是 S^*-有效的,因而这样的一个真理理论是个一致的理论。

不过,S^* 还是有些令人不能满意的结果。当我们将 S^* 应用在 (DT) 上时,L^T 中表达下述各语义法则的语句都不幸不是 S^*-有效的语句:

($T\neg$) 一个否定句为真,若且唯若,该被否定的语句不为真;

($T\wedge$) 一个合取句为真,若且唯若,其合取项都为真;

($T\forall$) 如果每个事物都有名字,那么,一个全称语句为真,若且唯若,其所有替代个例都为真。

为了改进 S^* 的这些缺点,古朴塔和贝尔那普(Gupta & Belnap, 1993)另外考虑了一个近似 S^* 的语义系统 $S^\#$。在 $S^\#$ 中,"在定义 D 下,语句'A'在模型 M 里是 $S^\#$-有效的"("A" is valid on D in M in $S^\#$,符号表示为 $M \models_S^D \# A$),若且唯若,对于所有的 $\delta_{D,M}$-反身假设 X 来说,都有一个自然数 n 是这样的:对于所有的 $p\Tn$,"A"在 $M + \delta^p_{D,M}(X)$ 中都为真;而这里所谓的 $\delta^p_{D,M}(X)$,指的是利用 $\delta_{D,M}$ 将 X 修正 p 次后的结果。从直觉上来说,所谓"'A'在模型 M 里是 $S^\#$-有效的"指的是:如果我们利用 $\delta_{D,M}$ 对该模型的所有最好假设作出任意若干次的修正,那么,"A"便会在每一个修正序列的某一点 p

之后便一直持续稳定地出现。其他 $S^\#$ 中的重要概念如"$S^\#$-有效"及"$S^\#$逻辑结果"等定义，则与系统 S^* 中相同。$S^\#$ 相对于古典逻辑来说仍然是一个强的保守系统，因此 $S^\#$ 也是一个一致的系统，并且不会违反定义的非创造性要求。而如果我们将 $S^\#$ 应用到真理的定义之上，上述 1—4 的结果也仍然是成立的。$S^\#$ 与 S^* 的主要差别在于：当我们将 S^* 应用在真理的概念时，在模型 M 里是 S^*-有效的语句，乃是那些在长度为 On 的所有 $\delta_{D,M}$-修正序列中都持续稳定为真的语句；而当我们将 $S^\#$ 应用在真理的概念时，在模型 M 里是 $S^\#$-有效的语句，则是那些在长度为 On 的所有 $\delta_{D,M}$-修正序列中都"几近"持续稳定（nearly stable）为真的语句。由于这个差别，上述的（$T\neg$）、（$T\wedge$）和（$T\forall$）在任何一个模型 M 里都是 $S^\#$-有效的，但非 S^*-有效的。同时，我们应该注意，由于每一个持续稳定为真的语句都是一个"几近"持续稳定为真的语句，因此，S^* 是 $S^\#$ 的一个常义子逻辑（proper sublogic）。不过，虽然 $S^\#$ 有许多的好处，但它却是 ω-不一致的（ω-inconsistent）。古朴塔（Gupta, 2001）的立场是倾向于接受 $S^\#$ 和它 ω-不一致的结果。

四　循环定义与真理概念的逻辑

克林姆（Kremer, 1993）证明，S^* 和 $S^\#$ 这两个语义系统无法被完备地公理化。虽然如此，讨论哪一些演绎规则在这些系统中是健全的（sound），还是有一定的启发性。在这一节中，我们讨论古朴塔和贝尔那普的演算系统 C_0。[①] C_0 相对于语义系统 S_0 来说，是既健

[①] 古朴塔和贝尔那普（Gupta & Belnap, 1993）中还讨论了 $S_1, \cdots, S_n$ 等这几个语义系统，以及相对于它们而言健全而又完备的演绎系统 $C_1, \cdots, C_n$ 等。不过，古朴塔和贝尔那普发现，这些系统相对于古典逻辑来说既不是强的也不是弱的保守系统。为了节省篇幅起见，我们不在这里说明这些语义与演绎系统；有兴趣的读者请参照古朴塔和贝尔那普（Gupta & Belnap, 1993）中的第五章。

全又完备的系统,而 S_0 则是这样的一个语义系统:在定义 D 下,语句"A"在模型 M 里是 S_0-有效的,若且唯若,对于所有的假设 X 来说,都有一个自然数 n 是这样的:对于所有的 $p \geq n$,"A"在 $M+\delta_{D,M}^p(X)$ 中都为真。很明显地,在这样的定义下,S_0 是 $S^\#$ 的一个常义子逻辑。不过,S_0 和 S^* 则是无法比较的(incomparable)(换句话说,并非 $S_0 \subseteq S^*$ 亦非 $S^* \subset S_0$)。其他概念如"S_0-有效"及"S_0 逻辑结果"等,则与系统 S^* 或 $S^\#$ 相同。系统 S_0 虽然相对于古典逻辑来说也是一个强的保守系统,但古朴塔和贝尔那普(Gupta & Belnap, 1993: 5. B)却认为,S_0 是一个太弱的系统。我们以下讨论的重点在 C_0 而非 S_0。

C_0 这个演算系统的大要如下。假设"G"是某个循环定义 D 的被定义端,而 $A(x, G)$ 则是其定义端。所谓"推演"(derivation),指的是一些"标了号的"(indexed)的语句的有限序列,其中的每一个语句都或者是前提,或者是由之前的语句根据"推演规则"而得来的,而所谓"标号",指的则是标记于语句右上角的任意整数(正整数或负整数)。当一个推演的前提为"B_1^0",…,"B_n^0"而其最后一个语句是"A^0"时,我们便说,"'A'可以从前提'B_1',…,'B_n'根据定义 D 在 C_0 中推演出来"("A" is deducible in C_0 on the basis of D from "B_1",…,"B_n")。这里所谓的"推演规则",指的是下列这样的一组规则:

  1. 有关假设(Hyp)及重述(Reit)的结构性规则:与常见的自然演绎法规则相同,唯一的不同之处在于假设的语句要有标号,而重述的语句必须与之前的语句有相同的标号。

  2. 有关"¬"、"&"、"∨"、"⊃"、"≡"、"⊥"、"∀"、"∃"和"="的逻辑规则:与常见的自然演绎法规则相同,唯一的不同之处在于规定所有的前提与结论必须有相同的标号。

3. 标号转移规则（Index Shift）：如果一个句子 Ai 当中没有出现任何的被定义符号"G"，那么，我们就可以任意改变该句子的标号而推论出 Aj。

4. 有关被定义符号 G 的引介规则（introduction rule Df_{Ir}）和排除规则（elimination rule Df_{Er}）规则如下：

$$(Df_{Ir}): \frac{A(t, G)^i}{[t \text{ is } G]^{(i+1)}} \qquad (Df_{Er}): \frac{[t \text{ is } G]^i}{A(t, G)^{(i-1)}}$$

由于 S_0 是 $S^\#$ 的一个常义子逻辑，而 C_0 相对于 S_0 来说是健全的，因此，上述的所有推论规则对 $S^\#$ 来说都是健全的规则。而这些规则，除了（Df_{Ir}）和（Df_{Er}）之外，对于 S^* 来说也都是健全的规则。不过，如果我们解除（Df_{Ir}）和（Df_{Er}）中有关标号的限制（让前提和结论都具有相同的标号），那么，这个新规则对 $S^\#$ 来说就都再也不是健全的了。事实上，这个解除标号限制后的新规则，如果是使用在非假设的脉络里，那么，该规则无论是对系统 $S^\#$ 还是 S^* 来说，都还是健全的；但如果是使用在假设的脉络中，则该规则对 $S^\#$ 来说就再也不健全了。至于 S^*，则无论是有限制的（Df_{Ir}）和（Df_{Er}）还是无限制的修正规则，在假设的脉络中使用时，通通是不健全的。从这样结果我们可以很容易知道，为什么从古朴塔和贝尔那普的角度来看，前述的（证明一）和（证明二）会都是谬误的"证明"。让我们先看（证明一）：

（证明一）

1. （说谎者）="（说谎者）不是真的"
2. "（说谎者）不是真的"是真的若且唯若（说谎者）不是真的
3. （说谎者）是真的
4. "（说谎者）不是真的"是真的　　　　1, 3, Identity
5. （说谎者）不是真的　　　　　　　　2, 4, Logic
6. （说谎者）不是真的　　　　　　　　3-5, R. A. A.
7. "（说谎者）不是真的"是真的　　　　2, 6, Logic
8. （说谎者）是真的　　　　　　　　　1, 7, Identity
9. 矛盾　　　　　　　　　　　　　　　6, 8.

如果我们接受古朴塔和贝尔那普所建构的自然演绎法演算系统 C_0，那么，我们应该将这个推论的前六个步骤改写为：

1. （（说谎者）="（说谎者）不是真的"）⁰
2. （说谎者）是真的 $=_{Df}$ （说谎者）不是真的
3. （（说谎者）是真的）⁰
4. （"（说谎者）不是真的"是真的）⁰　　　1, 3, Identity
5. （（说谎者）不是真的）⁻¹　　　　　　2, 3, Logic
6. （（说谎者）不是真的）⁰　　　　　　　3-5, R. A. A.

不幸的是，从 3—5 到 6 使用归谬推演的步骤在 S_0、S^* 和 $S^\#$ 中都是无效的。而这个步骤之所以是无效的，是因为 3 和 5 这两个句子并没有相同的标号，因而严格地说起来并不矛盾。并且，由于 3 和 5 中都出现"是真的"这样的被定义概念，所以我们也不能应用标号转移规则去改变它们的标号，以产生矛盾。

类似的做法也可以用来说明，为什么循环定义并不会违反定义的非创造性要求：

135

（证明二）

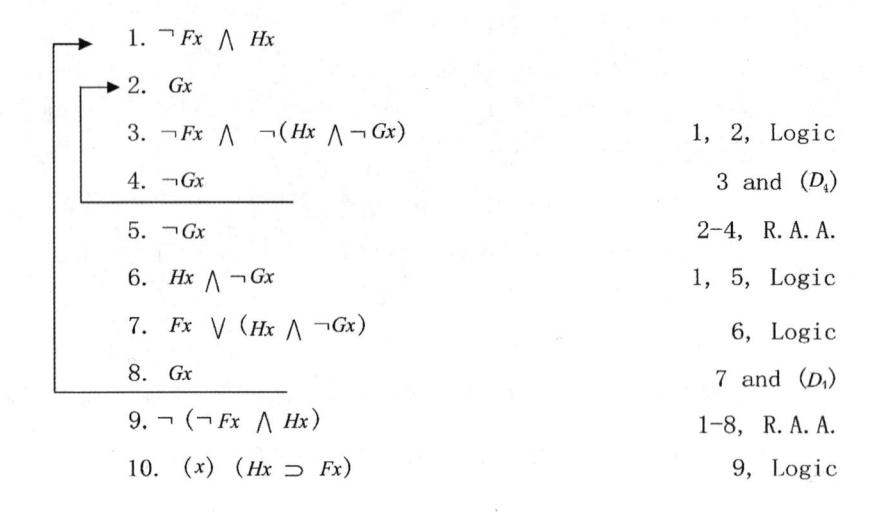

1. $\neg Fx \wedge Hx$
2. Gx
3. $\neg Fx \wedge \neg (Hx \wedge \neg Gx)$ 1, 2, Logic
4. $\neg Gx$ 3 and (D_1)
5. $\neg Gx$ 2–4, R. A. A.
6. $Hx \wedge \neg Gx$ 1, 5, Logic
7. $Fx \vee (Hx \wedge \neg Gx)$ 6, Logic
8. Gx 7 and (D_1)
9. $\neg (\neg Fx \wedge Hx)$ 1–8, R. A. A.
10. $(x)(Hx \supset Fx)$ 9, Logic

如果我们接受古朴塔和贝尔那普所建构的自然演绎法演算系统 C_0，那么，我们应该将这个推论的前五个步骤改写为：

1. $(\neg Fx \wedge Hx)^0$
2. $(Gx)^0$
3. $(\neg Fx \wedge \neg (Hx \wedge \neg Gx))^0$ 1, 2, Logic
4. $(\neg Gx)^1$ 3 and (D_1)
5. $(\neg Gx)^0$ 2–4, R. A. A.

不幸的是，基于与之前相同的理由，这个从 2—4 到 5 使用归谬推演的步骤，无论是在 S_0、S^* 和 $S^\#$ 中都是无效的。

最后，古朴塔和贝尔那普推广地说，如果他们对真理概念的看法是正确的，那么，一些类似他们用来论证真理是循环概念的论证将可以显示出：许多语义上重要的概念，如"…真于…"（being true of)、"…满足…"(satisfaction)，以及许多哲学上重要的概念，如"…展现…"(exemplification)、"…是…中的一个元素"(being a member of)、"必然地…"(necessity)、"知识"(knowledge)、"相信"(belief)等，也都是循环的概念。而一旦我们了解这些概念其实都是循环的，那么，我们就再也无须惊讶，为什么类似（说谎者）这样的吊诡会同样出现在使用这些概念的脉络当中，而且我们也不用担心这样的吊诡会导致逻辑上的不一致。

五 对真理修正理论的评论

古朴塔和贝尔那普的真理修正理论有许多好的结果，我们至少已经看到五个：（1）它适用于丰富的语言；（2）它符合内涵性主张；（3）它似乎解释了"是真的"一词的病态与正常用法；（4）它是一致的；（5）它可以进一步应用在其他的概念上。我们还可以再继续扩充这个表单：（6）不管我们的语言是二值的还是多值的，真理修正理论都可以应用得上；（7）在二值逻辑的语言中，真理修正理论保存了所有的古典逻辑结果。因此，它使得所有像（S）这种在直觉上为真的语句：

(S) P 或者为真或者不为真

仍然保持绝对的真；[1]（8）它无惧于说谎者的报复（Liar's Revenge）；就算我们考虑像（A）这样的语句：

---

[1] 这个特色是克里普齐（Kripke, 1975）的固定点理论所不具备的。克里普齐的理论使用强的克林（Kleene）三值逻辑系统。如果 P 是像（老实人）甚至（S）本身这种直觉上没有根基的语句，那么，像（S）这样的句子会在最小的固定点中是不真不假的句子。而如果 P 是像（说谎者）这样的句子，那么，像（S）这样的句子会在任何的固定点中都是不真不假的。

(A) 语句 (A) 或者非真或者不是正常的,

我们仍然不会有不一致的结果。①这样看来,古朴塔和贝尔那普的真理修正理论似乎提供了一个有关日常真理概念的良好说明。不过,一个理论的好坏不能只看它"似乎"有的好处:"它是不是'真的'提供了一个良好适切的说明?"、"它有什么样的理论结果?"及"它是不是比其他竞争中的理论在整体上表现更好?"等,都是我们在评价一个理论时必须审慎考虑的问题。但最后这个问题太过于辽阔,所以我们不在这里讨论。我将评论前两个问题,而我们将会发现这两个问题是相关的。我先从第二个问题开始。

首先,让我们考虑一下下面这个自我指涉的语句 (C_1):②

(C_1) $T_\lambda \supset T_{(C1)}$;(或者:$\neg T_\lambda \vee T_{(C1)}$)

其中,"T"缩写"…是真的"这个述词,"λ"指涉(说谎者)——也就是"λ 不是真的"——这个语句。表面上,(C_1) 说

---

① 从表面上看来,(A) 似乎会带来不一致。如果 (A) 是正常的,那么,(A) 或者是绝对的真,或者是绝对的假。如果 (A) 是绝对的真,那么,(A) 的两个选取项都为假,因此 (A) 是绝对的假,矛盾。如果 (A) 是绝对的假,那么 (A) 的第一个选取项为真,因此 (A) 是绝对的真,矛盾。所以,(A) 不是正常的。但如此一来,(A) 的第二个选取项为真,因此 (A) 是绝对的真,因而是正常的,矛盾。不过,在古朴塔和贝尔那普的理论中,这个证明最多只证明了"正常性"(categoricality) 也是一个循环的概念。库恩(Koon,1994) 担心,把"正常性"当作循环概念的一个结果是:后设语言中的"正常性"概念,与对象语言中的"正常性"概念会是不同的概念,因而塔斯基的阶层会再度出现在真理修正理论中。我不认为这是一个大问题;真理的概念是一个日常的概念,而真理修正理论认为我们不需要阶层去说明或避免它的吊诡性。相对来说,"正常性"的概念则是一个专技的概念,它的语义本身也许就有阶层性,因而真理修正论者无须因为这样的概念出现在他们的理论中而觉得难为情。

② (C_1) 与"柯瑞悖论"(Curry's paradox) 中所使用的语句略有不同;在柯瑞悖论中,自我指涉的子句 (C_1) 出现在条件句的前件,而非后件。

附录　古朴塔及贝尔那普的真理修正理论述评

的是：或者（说谎者）不为真或者自己为真。直觉上，"（说谎者）不为真"是个病态的语句，而说自己为真的语句也是个病态的语句，因而整个选取句在直觉上是病态的。①而一个直接论证 (C_1) 应该属于病态语句的方式则如下。任何具有 (C_1) 这种形式的语句 (C) = ⌜$\phi \vee T_{(C)}$⌝都是这样的：当⌜ϕ⌝为真时 (C) 为真；而当⌜ϕ⌝为假时 (C) 化约为病态的老实人 "$T_{(C)}$"。因此，当⌜ϕ⌝是像 "$\neg T_\lambda$" 这种既为真又为假的语句 (C_1) 时，(C_1) 既为真又为病态，因此是病态的语句。

问题是：在真理的修正理论中，(C_1) 并不是一个病态的语句，而是一个绝对的真的语句。(C_1) 在修正理论中是绝对的真这件事，可以从图 2 中看出（为了简单起见，我们假设我们的语言里只有 "$\neg T_\lambda$"（缩写为 "λ"）、(C_1) 和 "$T_{(C1)}$" 这三个语句）：

$\{\lambda, T_{(C1)}\} \mapsto \emptyset \to \{\lambda, (C_1)\} \mapsto \{(C_1), T_{(C1)}\} \leftrightarrow \{\lambda, (C_1), T_{(C1)}\}$
　　　$\uparrow$　　　$\uparrow$　　　　　　　　　　$\uparrow$
　　$\{\lambda\}$　$\{T_{(C1)}\}$　　　　　　　　$\{(C_1)\}$

图 2

图 2 摘要了以 (RT) 修正了任意假设后的结果，读者可以自己验证图 2 是正确的。从图 2 中我们可以看出：不论我们从哪个假设开始，每一个修正序列最后一定会在 $\{(C_1), T_{(C1)}\}$ 和 $\{\lambda, (C_1), T_{(C1)}\}$ 这两个假设间往复徘徊；而这也就是说，只有这两个假设才是最好的假

---

① 值得注意的是：并不是任何两个病态语句的选取都应该算是病态的语句。比方说，有些人可能认为，（说谎者）和其否定的选取，以及（老实人）和其否定的选取都应该是"基于形式"而为真的语句。但就算我们同意这一点，问题是：像 (C_1) 这样的语句，如果应该算是真语句的话，也不会是基于形式而为真的句子。

139

设。由于 (C_1) 在这两个假设下都为真，因此，根据修正理论，(C_1) 是绝对的真。类似地，下面这个在直觉上一样病态的语句 (C_2)：

$$(C_2) \neg T_\lambda \supset T_{(C2)}; \text{（或者：} T_\lambda \vee T_{(C2)}\text{）。}$$

在修正理论当中也是绝对的真（有关这一点，我们留给读者自己去检查）。(C_1) 和 (C_2) 这两个例子还可以进一步地加以推广：我们可以很容易地证明，所有具有下面这两种形式之一的语句（其中，$P_1, \cdots, P_n$ 是任意的语句）：

$$(C') \ T_\lambda \supset (P_1 \wedge (P_2 \supset \cdots (P_n \supset T_{(C')}) \cdots)); \text{ 以及}$$
$$(C^*) \ \neg T_\lambda \supset (P_1 \supset (P_2 \supset \cdots (P_n \supset T_{(C^*)}) \cdots))。$$

都是在修正理论中绝对的真的语句，但毫无疑问地，许多这样的句子在直觉上是病态的。[1]

---

[1] 我们在这里证明：无论在什么模型下，(C') 的每个例子都会是正常的、绝对的真（(C^*) 的证明与此类似）。首先，我们注意，对任何模型 M 中的假设 X 来说，$\{\lambda, (C'), T(C')\} \subseteq X$ 则 $\{(C'), T(C')\} \subseteq RT(X)$，而且 $\{(C'), T(C')\} \subseteq X$ 则 $\{\lambda, (C'), T(C')\} \subseteq RT(X)$。而这也就是说，如果我们的假设中包含了 (C') 和 "$T(C')$"，那么，这两个语句将持续不间断地待在修正后的假设中。现在开始我们的证明。对任何模型 M 中的假设 X 来说，或者 $(C') \in X$，或者 $\lambda \notin X$，或者 $(C') \notin X$ 但 $\lambda \in X$。情形一：$(C') \in X$。在此情形下，(C') 在 $M+X$ 中为真（因为 (C') 的后件 "$T(C')$" 在此情形下为真），因而 $(C') \in RT(X)$，并且 (C') 将持续不间断地待在修正序列中。情形二：$\lambda \notin X$。在此情形下，(C') 在 $M+X$ 中仍为真（因为 (C') 的前件 "T_λ" 在 $M+X$ 中为假），因而 $(C') \in RT(X)$，并且 (C') 将根据情形一而持续不间断地待在修正序列中。最后，情形三：$(C') \notin X$ 但 $\lambda \in X$。在此情形下，对 X 修正第一次后的结果将不包含 λ；因而修正两次后的结果将包含 λ 和 (C')；因而修正三次后的结果将包含 (C') 和 "$T(C')$"。因而根据我们刚说的结果，(C')（和 "$T(C')$"）将持续不间断地待在修正以后的假设中。基于与 (C_1) 类似的理由，(C_2) 及所有具有 (C') 或 (C^*) 形式之一的语句（当其中的 $P_1, \cdots, P_n$ 为绝对的真时），都是在直觉上病态的语句。此外，任何具有以下 $(C^\#)$ 或 $(C^@)$ 形式之一的语句（当其中的 $P_1, \cdots, P_n$ 是绝对的真时）：$(C^\#) \ T_\lambda \wedge P_1 \wedge \cdots \wedge P_n \wedge T_{((C\#))}$。$(C^@) \neg T_\lambda \wedge P_1 \wedge \cdots \wedge P_n \wedge T_{((C@))}$ 也都是在直觉上病态但在修正理论中被判定为绝对的假的语句（我们请读者证明它们在修正理论中被判定为绝对的假）。以上各种语句在修正理论中被判定为绝对的真或绝对的假这件事，需要一个合理的解释。

附录 古朴塔及贝尔那普的真理修正理论述评

这些例子显示：修正理论需要一个解释来说明为什么上述这些句子"应该"是绝对的真，而非如我们在直觉上所认为的病态。乍看之下，这样的解释似乎不难找到。举（C_1）为例，主张修正理论的学者或许会说，（C_1）之所以应该是绝对的真，那是因为假设（C_1）为真是唯一一致的假设：如果我们假设它——也就是"$\neg T_\lambda \vee T_{(C1)}$"——为假，那么，该选取句的第二个选取项为假，而整个语句的真假将化约为"$\neg T_\lambda$"——也就是"（说谎者）不为真"——的真假。但"（说谎者）不为真"是个矛盾的语句；因此，假设（C_1）为假会导致矛盾，因而（C_1）不可能为假。自另一方面来说，假设（C_1）为真却不会导致任何的矛盾。因此，（C_1）不可能为假，只可能为真，所以（C_1）应该是"绝对的真"的语句。①但这样的解释有个困难：并不是每个"假设其为真是唯一一致的假设"的语句在真理修正理论中都被判定为绝对的真。比方说，如果这里这个有关（C_1）应该为真的理由是可以被接受的，那么，基于类似的理由，下面这个由亚魁柏（Yaqub, 1993: 88）所发现的语句

---

① 以下是另外两个不成功的解释；这些解释（包括文中的"唯一一致"解释）都是由笔者所设想的，而非古朴塔或贝尔那普所提出。其一：（C_1）本身是一个选取式，因而是其第一个选取项"$\neg T_\lambda$"的逻辑结果。因此，如果"$\neg T_\lambda$"为真，则作为"$\neg T_\lambda$"逻辑结果的（C_1）亦为真。自另一方面来说，如果"$\neg T_\lambda$"（$=\lambda$）不为真，则"$\neg T_\lambda$"为真而（C_1）仍为真。所以，无论如何，（C_1）均应为真。因此，（C_1）应为绝对的真（而且是必然的真）。不幸的是，这个解释并不可信。试考虑以下这个语句（E）：（E）$\neg T_\lambda \vee E$是个英文语句，如果前面关于（C_1）的解释是可信的，那么，（E）应该基于相同的理由而为绝对的真。但事实上，（E）在古朴塔和贝尔那普的修正理论中是一个被判定为病态的语句。其二：（C_1）的第二个选取项内容过于空洞，以致该选取项实质上说的只是第一个选取项（$=$"$\neg T_\lambda$"$=\lambda$）为真，因而整个选取式等于在说"$\neg T_\lambda \vee T_\lambda$"。但"$\neg T_\lambda \vee T_\lambda$"是个套套逻辑式，而所有的套套逻辑式都为必然的真与绝对的真。因此，（C_1）等值于一个套套逻辑式而为绝对的真（而且是必然的真）。不幸的是，这个解释仍不可信。试考虑以下这个语句（B）：（B）雪是黑的$\vee T_B$。根据上述的第二个解释，（B）实质上说的只是"雪是黑的或者'雪是黑的'是真"。由于最后这个语句的两个选取项皆为绝对的假，因此整个选取式和（B）本身都应该是绝对的假。但事实上，（B）在古朴塔和贝尔那普的修正理论中仍然是一个被判定为病态的语句。

(C_3) 和它的推广（C^+）及（C^{++}）（其中 $P, P_1, \cdots, P_n$ 是任意的语句），也都应该是绝对的真的语句：

(C_3)　$T_{(C3)} \supset T``T_{(C3)}"$。

(C^+)　$T_{(C+)} \supset (P_1 \supset (P_2 \supset \cdots (P_n \supset T``T_{(C+)}") \cdots))$。

(C^{++})　$P \supset (T_{(C++)} \supset T``T_{(C++)}")$。

毕竟——以（C_3）为例——如果我们假设（C_3）为假，那么，（C_3）的前件为假，因而整个条件句（C_3）为真；因此，假设（C_3）为假会导致矛盾，因而（C_3）不可能为假。自另一方面来说，假设（C_3）为真却不会导致任何的矛盾。因此，（C_3）不可能为假，只可能为真，所以（C_3）应该是"绝对的真"的语句。不幸的是，（C_3）、（C^+）及（C^{++}）等（当其中的 $P, P_1, \cdots, P_n$ 为绝对的真时）在修正理论中都是病态的语句，而非绝对的真。图 3 显示（C_3）在修正理论中的病态特性，其他的语句读者可以自行类推：

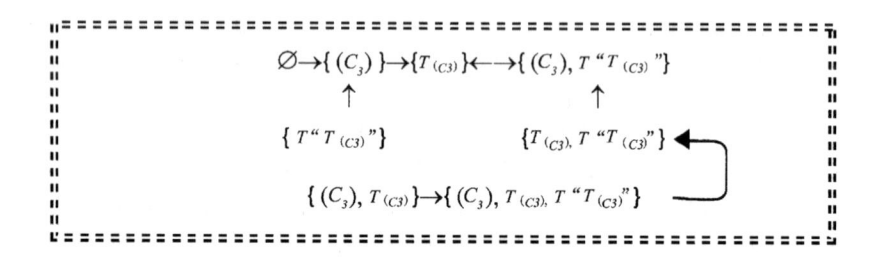

$\emptyset \to \{(C_3)\} \mapsto \{T_{(C3)}\} \leftarrow \to \{(C_3), T``T_{(C3)}"\}$
$\uparrow \qquad\qquad\qquad\qquad\qquad \uparrow$
$\{T``T_{(C3)}"\} \qquad\qquad \{T_{(C3)}, T``T_{(C3)}"\} \leftarrow$
$\{(C_3), T_{(C3)}\} \to \{(C_3), T_{(C3)}, T``T_{(C3)}"\}$

图 3

结论是：对于像（C_1）、（C_2）、（C'）和（C^*）这类直觉上病态的语句来说，或者修正理论对它们所做的绝对性判断并不符合我们的直觉，或者它无法提供适切的理由去说明为什么这些直觉是错误的。

附录　古朴塔及贝尔那普的真理修正理论述评

库克（Cook, 2002, 2003）另外提供了一些类似于（C_3）的例子，但涉及多个语句间的互相依赖关系。试考虑以下的语句（S_1）和（S_2）：

（S_1）（S_1）和（S_2）中至少有一个为假
（S_2）（S_1）和（S_2）两者都为假

库克论证说，令（S_1）为真而（S_2）为假是唯一一个对它们而言一致的赋值方式，其他的赋值方式则都会导致矛盾。库克因此说，（S_1）为真而（S_2）为假是唯一合理的结论。[①]不幸的是，根据古朴塔和贝尔那普的修正理论，（S_1）和（S_2）都是病态的语句而非绝对的真的语句，如图4所示：

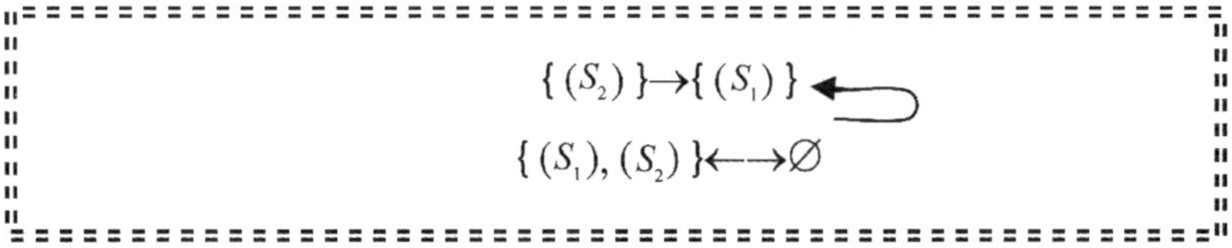

$$\{(S_2)\} \rightarrow \{(S_1)\} \circlearrowleft$$
$$\{(S_1),(S_2)\} \leftrightarrow \varnothing$$

图4

图4显示了有关（S_1）和（S_2）的所有可能的修正序列：上排的序列最后终将停留在固定点 $\{(S_1)\}$ 上，而下排的序列则会在

[①] 更一般性地说：令（S_1）-（S_n）是下列这样的语句序列（其中 n 是偶数）：（S_1）（S_1）-（S_n）中至少有一个语句是假的
（S_2）（S_1）-（S_n）中至少有两个语句是假的
…………．（S_n）（S_1）-（S_n）中至少有 n 个语句是假的
库克论证说，令（S_1）…（$S_{n/2}$）为真而（$S_{(n/2)+1}$）…（S_n）为假是唯一一个对它们一致的赋值方式，其他的赋值方式则都会导致矛盾。库克因此说，令（S_1）…（$S_{n/2}$）为真而（$S_{(n/2)+1}$）…（S_n）为假是唯一合理的结论。不幸的是，根据古朴塔和贝尔那普的修正理论，（S_1）-（S_n）都是病态的语句而非绝对的真的语句。

143

$\{(S_1),(S_2)\}$和$\varnothing$间往复徘徊，这显示出$\{(S_1)\}$、$\{(S_1),(S_2)\}$和$\varnothing$都是最好的假设。由于没有语句在这些最好的假设下都成立或都不成立，因此在古朴塔和贝尔那普的修正理论中，(S_1)和(S_2)都是既非绝对的真，亦非绝对的假的病态语句——相反于库克的直觉。结论是：古朴塔和贝尔那普的修正理论"似乎"不只在一个地方弄错我们的直觉：有些直觉上病态的语句——像(C_1)、(C_2)等——在修正理论中被判定为绝对的真，而有些直觉上似乎为真的语句——像(C_3)、(S_1)和(S_2)——则在修正理论中被判定为病态的。（注：我说"似乎"，那是因为我有不同于库克的直觉。克林姆（Kremer, 2002）认为(S_1)和(S_2)都是直觉上病态的语句。我同意克林姆的看法，但不同意他的论证。至于为什么我认为(S_1)和(S_2)都是直觉上病态的语句，详见下文。）

除了前述提到的(C_3)之外，亚魁柏（Yaqub, 1993）还另外提到了几种不同类型的语句。他发现古朴塔和贝尔那普的修正理论对这些语句所作出的判定，也和我们对它们所拥有的直觉不同。为了弥补这些缺点，亚魁柏建议我们修正古朴塔和贝尔那普的修正理论。不幸的是，亚魁柏的修正十分繁琐，我们不可能在这样短的篇幅里加以说明。[1]幸运的是，恰柏威斯（Chapuis, 1996）"发现",[2]亚魁柏的修正不但不必要，而且还会进一步带来其他违反直觉的例子。恰柏威斯发现，在判定语句的类别时，如果我们不再像以前一样考虑"所有的"修正序列，而只考虑那些他称为"充分多样性"（fully-varied）的修正序列，那么，在这样的考虑下，大多数亚魁柏所提到的反例，还是可以恰当地被分类成正如我们直觉所断定的一样。古朴塔后来（Gupta, 2001）倾向于接受恰柏威斯的建议，因

---

[1] 详见亚魁柏（Yaqub, 1993: chap. 4）。有关亚魁柏修正理论一个较为简短的介绍，见恰柏威斯（Chapuis, 1996）。

[2] 这个发现其实已经出现在古朴塔和贝尔那普（Gupta & Belnap, 1993）第六章中。

此，让我们来说明"充分多样性"的修正序列。

我们首先定义"容贯于序列 S 的假设 X"。我们说假设 X 是容贯于（cohere with）序列 S 的一个假设，若且唯若，对于每一个命题 A 来说，如果 A 在 S 中持续稳定地为真，则 $A \in X$；而如果 A 在 S 中持续稳定地为假，则 $A \notin X$。① 从直觉上来说，容贯于 S 的假设 X 包含了所有在 S 中持续稳定为真的语句，不包含任何在 S 中持续稳定为假的语句，但却可能包含其他在 S 中并不持续稳定为真，亦不持续稳定为假的语句。其次，让我们重述一次有关共终假设的定义。我们说假设 X 在 S 中是"共终的"，若且唯若，对于任何小于 $lh(S)$ 的序数 α 都存在的一个序数 β 是这样的：$\alpha \leq \beta \leq lh(S)$ 而且 $S_\beta = X$。直觉上，共终的假设也就是那些会一再地重复出现在整个序列 S 中，而不会消失在某个项之后的假设。最后，让我们定义所谓的"充分多样性"修正序列。我们说一个修正序列 S 是充分多样的，若且唯若，所有与 S 兼容的假设 X 在 S 中都是共终的。

在古朴塔和贝尔那普（Gupta & Belnap, 1993）的理论中，那些所谓（在模型 M 中）绝对的真的语句也就是那些在"所有"（长度为 On 的 $\delta_{D,M}$-）修正序列中都持续稳定为真的语句，所谓绝对的假的语句也就是那些在"所有"修正序列中都持续稳定为假的语句，而其他语句则为病态的语句。但恰柏威斯（Chapuis, 1996）和古朴塔（Gupta, 2003）的新建议是：将绝对的真的语句当作那些在所有"充分多样性"修正序列中都持续稳定为真的语句，将绝对的假的语句当作那些在所有"充分多样性"修正序列中都持续稳定为假的语句，而将其他语句则看作病态的语句。恰柏威斯（Chapuis,

---

① 根据这个有关容贯的定义，我们可以将第三节中有关"修正序列"的定义（ii）简短地改为：（ii）如果 α 是一个极限序数，则 S_α 是任意一个容贯于 $S\lceil_\alpha$ 的假设。

1996）发现，在这样重新定义下，亚魁柏（Yaqub, 1993）的反例（C_3）、（C^+）和（C^{++}）不再成立。比方说，当（C_3）在图3的某个修正序列中（上排）并不持续稳定为真时，那是因为该序列并不包含 $\{(C_3), T_{(C3)}, T"T_{(C3)}"\}$ 这个与该序列兼容的假设，因而不是充分多样的修正序列。而如果我们将 $\{(C_3), T_{(C3)}, T"T_{(C3)}"\}$ 这个假设加入到该序列中，使其在该序列里共终，（C_3）、"$T_{(C3)}$"和"$T'T_{(C3)}'$"这三个语句将会从此持续稳定地出现。因此，如果我们只看图3中的充分多样修正序列，那么，（C_3）将会是绝对的真，而非病态的语句。同样地，我们可以很容易地看出，在这样重新定义下，库克的反例也不再成立。比方说，当（S_1）在图4的某个修正序列中（下排）并不持续稳定为真时，那是因为该序列并不包含 $\{(S_1)\}$ 或 $\{(S_2)\}$ 这两个与该序列兼容的假设，因而不是充分多样的修正序列。而如果我们将 $\{(S_1)\}$ 或 $\{(S_2)\}$ 这个假设加入其中，使其在该序列里共终，那么，（S_1）就会变成持续稳定地出现在该序列中了。因此，如果我们只看图4中的充分多样修正序列，那么（S_1）将会是一个绝对的真的语句——这个结果符合库克的直觉（但我说过，我有不同于库克的直觉，详见下文）。

尽管诉诸"充分多样性"有助于解消（C_3）所带来的困难，但对于这样的修正方法，我仍然有几个反对的意见。首先，这样的做法是种专职（ad hoc）的做法：除了能够解消一些已经知道的反例之外，我们并没有好的理由去接受应该只考虑充分多样的修正序列的这个想法。[1]其次，就算这个做法能够解消亚魁柏和库克的反例，

---

[1] 古朴塔在2005年6月的第二次"经验与真理"研讨会中表示，他不认为这是一种专职的做法，理由是：直觉上，一个充分多样的修正序列也就是（对此序列而言）所有的可能假设都不断出现的序列，因此只考虑这些序列是一件"很自然的事"。但我的质疑是：如果一个假设是最好的假设，为什么它只应该在充分多样的修正序列中存活下来，而非在所有的修正序列中都存活下来？这里显然需要一个解释。

我们也无法保证它能够解消所有已知或未知的反例。再者，诉诸充分多样的修正序列似乎不能排除使一些直觉上病态的语句变为绝对的真的可能。① 最后，(C_1)、(C_2)、(C') 及 (C^*) 的病态直觉并不会因为这种专职的修正方式而消失。我们原来的直觉是：(C_1) 其实和：

$(C_4) \neg T_{(C4)} \vee T_\tau$

这个直觉上病态的语句所说的相去不远，两者都说"某个自我指涉

---

① 理由是原来古朴塔要求一个语句必须在"所有"序列（不论是否充分多样）中都持续稳定为真才是绝对的真，但现在一个语句要成为绝对的真，只需要在所有充分多样序列中持续稳定为真就可以了。因此，除非我们有严格的证明，否则不能排除有些没通过原先标准的语句会在新标准下变成了绝对的真。我原先以为下面的这个语句 (C_4) 就是这样的一个语句（其中"τ"指涉（老实人）——也就是"τ 是真的"——这个语句）：
$(C_4)\ T_{(C4)} \supset T_\tau$；（或者：$\neg T_{(C4)} \vee T_\tau$）$(C_4)$
在直觉上病态是很明显的；同时，我们也找不到类似之前讨论 (C_1) 时的理由，去说它应该为绝对的真或绝对的假。(C_4) 在原来的修正理论中是个病态的语句，如下图所示（其中"τ"缩写（老实人），也就是"T_τ"）：

$$\varnothing \to \{(C_4)\} \leftarrow \to \{T_{(C4)}\} \leftarrow \{(C_4), T_{(C4)}\}$$
$$\{\tau\} \to \{\tau, (C_4)\} \to \{\tau, (C_4), T_{(C4)}\}$$
$$\uparrow$$
$$\{\tau, T_{(C4)}\}$$

在上图中，$\{(C_4)\}$、$\{T_{(C4)}\}$ 及 $\{\tau, (C_4), T_{(C4)}\}$ 是最好的假设，但 (C_4) 并非在所有这些假设下都成立，因此 (C_4) 在原先的标准下是个病态的语句。我原来错误地认为，图中上一排的序列并不是充分多样的序列，因而如果我们只看图中的充分多样修正序列，那么，(C_4) 将会在新标准下是绝对的真，而非病态的语句。但古朴塔指出上图中上一排的序列其实是充分多样的序列，因而 (C_4) 并不是我所寻找的语句。我在此感谢古朴塔的指正，但我仍然要重申：除非我们有严格的证明，否则不能排除有些没通过原先标准的语句会在新标准下变成了绝对的真。也许有兴趣的读者可以试图去找出这样的证明（以支持古朴塔）或这样的语句（以支持我的看法）。

147

的语句不为真,或者另一个自我指涉的语句为真"。由于这些所谈及的语句的内容都相当空洞,因而整个的语句在直觉上是没有真假的。诉诸"充分多样性"的做法并不尊重我们对 (C_1)、(C_2)、(C') 及 (C^*) 的这个直觉;相反地,它修正了我们对这些语句所拥有的先于逻辑的直觉。

有没有其他的方法可以让古朴塔和贝尔那普的修正理论免于我们在这里所作的批评?也许有的;也许古朴塔和贝尔那普可以这样说:"我们对于 (C_1)—(C_4)、(C')、(C^*)、(S_1) 和 (S_2) 等句子是否绝对的真这件事,并没有一个清楚的直觉。所以,任何对它们是否是绝对的真所作的判定都是可以被接受的。重要的是:一个理论必须在我们有坚强直觉的地方符合我们的直觉!"我同意一个理论必须在我们有坚强直觉的地方符合我们的直觉,但我不认为对于像 (C_1)—(C_4)、(C')、(C^*)、(S_1) 和 (S_2) 这些语句来说,我们"并没有清楚的直觉"。相反地,我们对它们拥有清楚的直觉——它们是病态的[①]——因而并非"任何对它们是否是绝对的真所作的判定都是可以被接受的"。我认为我们之所以相信 (C_1)、(C_2)、(C_4)、(C')、(C^*)、(S_1) 和 (S_2) 是病态的语句,那是因为它们或者并不符合"任何一个"我们用来断定语句有绝对真假的原则,或者符合了多个互相抵触的这类原则。但这些原则是什么原则呢?这样的讨论将问题带回到我们在这一节开始时所设定的第一个问题:"古朴塔和贝尔那普的真理修正理论是不是真的提供了一个良好适切的说明?"一个良好适切、有关真理的说明,必须符合我们对"是真的"一词所作的直觉判断;而对"是真的"一词所作的直觉判断,一部分反映在我们对哪些语句算作是"没问题的真"——也就是"绝对的真"——所作出的判断。如果古朴塔和贝

[①] (C_3) 是一个例外,亚魁柏和我的直觉是它为真。

尔那普的理论对哪些语句算是"绝对的真"这件事，与我们直觉上所作的判断很不相同，当然我们就有好的理由说：他们的理论并不是良好适切、有关真理的理论。①问题在于我们平常到底是如何去判断一个语句是否为"绝对的真"或"没问题的真"呢？这样的判断背后有没有什么直觉上的原则作为依据呢？

我相信是有的。我相信以下这几个原则都是初步上可信的（prima facie plausible）原则：

(P_1) 如果 P 是有根基的（grounded），②则 P 是绝对的真或绝对的假。

(P_1') 如果 P 是绝对的真或绝对的假，则 P 是有根基的。

(P_2) 如果 P 是逻辑真理（矛盾）语架的一个例子，则 P 为绝对的真（假）。

(P_3) 如果 P 之为真（假）是 P 唯一一致且不违反事实的赋值，则 P 为绝对的真（假）。

直觉上，(P_1) 是一个合理的原则，而几乎所有的哲学家都接受它。比较有问题的是 (P_1')、(P_2) 及 (P_3)。克里普齐（Kripke, 1975）似乎倾向于同时接受 (P_1) 和 (P_1')，③并因而反对 (P_2)；

---

① 反之不然。如果他们的真理修正理论对哪些语句算是"绝对的真"所作出的判断，与我们直觉上所作的判断相同，他们的理论仍然有可能基于别的原因而不是良好适切、有关真理的理论。但让我们先不必会这一点。

② 所谓"有根基的"语句，我特别指的是克里普齐（Kripke, 1975）中所说的：……一般而言，如果一个语句……断说某一集合 C 的（全部、一些或大部分……）语句为真，那么，一旦 C 中语句的真假能被确定，则该语句的真假也就能被确定。如果有些 C 中的语句涉及真理的概念，它们的真假则须进一步透过确定其他语句的真假来加以确定。如果这样的程序最终将停留在不涉及真理概念的语句上，则起初那个陈述的真假就能被确定，而我们也就称那个起初的句子为"有根基的"；否则的话，我们就称它为"没根基的"。

③ 这个事实反映在他以最小的固定点作为"有根基的语句"的定义之上。当然，我在这里假设克里普齐会将有根基的语句 = 在固定点中有真假的语句 = 直觉上没问题地有真假的语句 = 绝对地有真假的语句。这样的假设可能假设得多了一些（特别是后面这两个等号），但这无关以下的主要论点。

149

而古朴塔和贝尔那普（Gupta & Belnap, 1993）则反对（P_1'）而接受（P_2）。① 至于（P_3），则似乎是亚魁柏（Yaqub, 1993）、恰柏威斯（Chapuis, 1996）和库克（Cook, 2002, 2003）共同接受的看法；② 接受（P_3）同样会导致反对（P_1'）的结果。就某个意义上，（P_1'）和（P_2）（以及（P_1'）和（P_3））可说是互相抵触的：它们对同一语句可能作出不同的评价。

如果克里普齐是对的，那么，当然我们有理由去反对（P_2）、（P_3）及真理修正理论。反过来说，如果（P_2）或（P_3）才是对的，我们同样有好的理由去反对（P_1'）及克里普齐的最小固定点理论。但我不觉得我们在这个问题上，可以找到任何结论性的论证去说谁是对的。同时，就算（P_2）或（P_3）才是对的，这件事对于解决（C_1）、（C_2）、（C'）、（C^*）、（S_1）、（S_2）和（C_3）这些语句的评价来说仍然没有什么帮助。如果（P_1）、（P_2）和（P_3）都是正确的原则，那么，这些语句根据（P_3）来说便有绝对的真假，但真理修正理论却误判了其中的一些（也就是（S_1）、（S_2）和（C_3））；而如果只有（P_1）和（P_2）才是正确的原则，那么，这些语句根据（P_1）和（P_2）来说便没有绝对的真假，因而真理修正理论仍然误判了其中的一些（也就是（C_1）、（C_2）、（C'）和（C^*））。

如我之前已经说过的：我认为上述这些原则都是初步上可信的，但它们放在一起时却是不一致的。它们放在一起会不一致这件事，并不会让我们在使用真理概念时产生任何的困扰。一个语句如果符合其中的一项原则 P 而不符合其他抵触 P 的原则，则该语句是

---

① 古朴塔和贝尔那普（Gupta & Belnap, 1993: 262）认为，就算是像第五节中的语句：（S）或下面的（UL）。如说谎者为真，则说谎者为真这种没根基的语句，仍然应该算是绝对的真（而在他们的理论中，这个语句也的确是在每个模型中都为绝对的真）。

② 古朴塔在2001年6月的第二次"经验与真理"研讨会中明确表示，他从1984年起就反对（P_3）这个原则。

绝对的真或绝对的假,而该语句的 T-双条件句为真;而如果一个语句不符合其中的任何一个原则,或者它符合了多个互相抵触的原则,那么它就是病态的语句,而该语句的 T-双条件句亦为病态的语句。(说谎者)、(老实人)或(C_4)之所以是病态的语句,那是因为它们并不符合上述的任何一项原则。而(C_1)、(C_2)、(C')、(C^*)、(S_1)和(S_2)这些语句之所以是病态的,那是因为根据(P_1')来说它们并没有绝对的真或假,但根据(P_3)来说它们却是绝对地有真假。对于(说谎者)、(老实人)或(C_4)来说,我们有坚强的直觉认为它们是病态的;同样地,对于(C_1)、(C_2)、(C')、(C^*)、(S_1)和(S_2)这些语句来说,我们也有一样坚强的直觉认为它们是病态的。对于前者,并非任何真假的赋值都是可以被接受的;对于后者,同样也不是任何真假的赋值都是可以被接受的。

参考文献

[And70] Alan Ross Anderson. St. Paul's epistle to Titus. In Robert L. Martin, editor, The Paradox of the Liar, pages 1 – 11. Ridgeview, Atascadero, 1970.

[Bea01] J. C. Beall. Is Yablo's paradox non-circular? Analysis, 61: 176 – 187, 2001.

[Bea07] J. C. Beall. Truth and paradox: A philosophical sketch. In Dale Jacquette, (ed.), Philosophy of Logic, Handbook of Philosophy of Science: 325 – 410. Oxford: Elsevier, 2007.

[Bea08a] J. C. Beall, editor. Revenge of the Liar. Oxford University Press, Oxford, 2008.

[Bea08b] J. C. Beall. Curry Paradox. Stanford Encyclopedia of Philosophy, 2008. Edward N. Zalta (ed.), URL = http://plato.stanford.edu/entries/curry-paradox/.

[Bea09] J. C. Beall. Spandrels of Truth. Oxford University Press, Oxford, 2009.

[BG08] J. C. Beall and Michael Glanzberg. Where the paths meet: Remarks on truth and paradox. In P. A. French and H. K. Wettstein, editors, Midwest Studies in Philosophy Volume XXXII: Truth and its Deformities. Wiley-Blackwell, Boston, 2008: 168 – 198. Downloaded from URL = http://www-philosophy.ucdavis.edu/grad/people/people/glanzberg/PathsMeet.pdf: 1 – 33, 2009.

[BG10] J. C. Beall and Michael Glanzberg. The liar paradox. Stanford Encyclopedia of Philosophy, 2010. Edward N. Zalta (ed.), URL = http://plato.stanford.edu/entries/liar-paradox/: 1 – 38.

[BM10] Jc Beall, Julien Murzi. Two flavors of curry paradox. URL = http:// sites.google.com/site/jmurzi/julienmurzi/v-curry-1.7.pdf. Downloaded: 18 Oct. 2010.

[Bur79] Tyler Burge. Semantical paradox. Journal of Philosophy, 76: 169 – 198, 1979. Reprinted in [Mar84].

[BvF03] J. C. Beall and Bas C. van Fraassen. Possibilities and Paradox. Oxford University Press, Oxford, 2003.

[Can10] Andrea Cantini. Book Review ("Saving Truth from Paradox"). Erkenn, 72: 417 – 422, 2010.

[Chi79] Charles Chihara. The semantic paradoxes: A diagnostic investigation. Philosophical Review, 88: 590 – 618, 1979.

[Cur42] H. Curry. The inconsistency of certain formal logics. Journal of Symbolic Logic 7: 115 – 117, 1942.

[Fef91] Solomon Feferman. Reflecting on incompleteness. Journal of Sym-bolic Logic, 56: 1 – 49, 1991.

[Fie72] Hartry Field. Tarski's Theory of Truth, Journal of Philosophy, 69, pp. 347 – 375, 1975.

[Fie02] Hartry Field. Saving the truth schema from paradox. Journal of Philosophical Logic, 31: 1 – 27, 2002.

[Fie03a] Hartry Field. A revenge-immune solution to the semantic paradoxes. Journal of Philosophical Logic, 32: 139 – 177, 2003. Downloaded from: URL = http://philosophy.fas.nyu.edu/object/

hartryfield. html: 1 – 33. Oct. 2009.

[Fie03b] Hartry Field. The semantic paradoxes and the paradoxes of vagueness. In Jc Beall (ed.), Liars and Heaps: New Essays on Paradox, Oxford University Press, Oxford, pp. 262 – 311, 2003.

[Fie03c] Hartry Field. Solving the paradoxes, escaping revenge. In JC Beall ed. The Liar's Revenge. Oxford: Oxford University Press, pp. 78 – 144, 2003.

[Fie04a] Hartry Field. The consistency of the naive theory of properties. Philosophical Quarterly, 54, 5: 78 – 104, 2004.

[Fie04b] Hartry Field. Is the Liar Sentence Both True and False? In Beall and Armour-Garb, eds., Deflationism and Paradox (Oxford University Press 2004), pp. 23 – 40. Downloaded from: URL = http: // philosophy. fas. nyu. edu/object/hartryfield. html: 1 – 19. Oct. 2009.

[Fie05] Hartry Field. Variations on a theme by Yablo' Deflationism and Paradox. In JC Beall and B. Armour-Garb (eds.), Oxford University Press, 2005.

[Fie06] Hartry Field. Truth and the Unprovability of Consistency, Mind, pp. 567 – 605, 2006.

[Fie08a] Hartry Field. Logic, Normativity, and Rational Revisability. John Locke Lectures in University of Oxford, Trinity 2008. Downloaded from URL = http: //www. philosophy. ox. ac. uk/lectures/john_ locke_ lectures.

[Fie08b] Hartry Field. Saving Truth from Paradox. Oxford University Press, Oxford, 2008.

[Fie10] Hartry Field. Precis of Saving Truth from Paradox. Philosophy Study, 147: 415 – 420, 2010.

[Fin75] Fine Kit. Vagueness, truth and logic. Synthese, 30, 265 –

300, 1975.

[FS87] Harvey Friedman and Michael Sheard. An axiomatic approach to self-referential truth. Annals of Pure and Applied Logic, 33: 1 – 21, 1987.

[Gai92] Haim Gaifman. Pointers to truth. Journal of Philosophy, 89: 223 – 261, 1992.

[Gau06] Christopher Gauker. Against stepping back: A critique of contex-tualist approaches to the semantic paradoxes. Journal of Philosophical Logic, 35: 393 – 422, 2006.

[GB93] Anil Gupta and Nuel Belnap. The Revision Theory of Truth. MIT Press, Cambridge, 1993.

[Gea55] P. T. Geach. On insolubilia. Analysis, 15 (3): 71 – 72.

[Gla01] Michael Glanzberg. The Liar in context. Philosophical Studies, 103: 217 – 251, 2001.

[Gla04] Michael Glanzberg. Truth, reflection, and hierarchies. Synthese, 142: 289 – 315, 2004.

[Gri91] Patrick Grim. The Incomplete Universe. MIT Press, Cambridge, 1991.

[Gup82] Anil Gupta. Truth and paradox. Journal of Philosophical Logic, 11: 1 – 60, 1982. Reprinted in [Mar84].

[Gup01] Anil Gupta. Truth. In L. Goble (Ed.), The Blackwell guide to philosophical logic: 90 – 114. London: Blackwell, 2001.

[Haa78] Susan Haack. Philosophy of logics, Cambirge University Press, 1978.

[Hal97] Volker Halbach. Tarskian and Kripean truth. Journal of Philosophical Logic, 26: 69 – 80, 1997.

[Hec97] Richard Heck. Tarski, truth, and semantics. Philosophical Review, 106: 533 – 554, 1997.

[Her67] Hans G. Herzberger. The truth-conditional consistency of natural language. Journal of Philosophy, 64: 29 – 35, 1967.

[Her70] Hans G. Herzberger. Paradoxes of grounding in semantics. Journal of Philosophy, 67: 146 – 167, 1970.

[Her82] Hans G. Herzberger. Notes on naive semantics. Journal of Philosophical Logic, 11: 61 – 102, 1982. Reprinted in [Mar84]: 133 – 174.

[Kir92] Kirkham, R. L. Theories of Truth: A Critical Introduction. Cambridge MA: MIT Press, 1992.

[Kri75] Saul Kripke. Outline of a theory of truth. Journal of Philosophy, 72: 690 – 716, 1975. Reprinted in [Mar84]: 53 – 81.

[LS04] Greg Littmann and Keith Simmons. A critique of dialetheism. In Graham Priest, Jc Beall, and Bradley Armour Garb, editors, The Law of Non-Contradiction, pages 314 – 335. Oxford University Press, Oxford, 2004.

[Mar84] Robert L. Martin, editor. Recent Essays on Truth and the Liar Paradox. Oxford University Press, Oxford, 1984.

[McG91] Vann McGee. Truth, Vagueness, and Paradox. Hackett, Indianapolis, 1991.

[McG89] Vann McGee. Kripke's theory of truth. The Journal of Philosophy, 86, 10: 530 – 539, 1989.

[McG10] Vann McGee. Field's logic of truth. Philosophical Studies, 147: 421 – 423.

[MW75] R. L. Martin and P. W. Woodruff. On Representing "true-in-L" in L. Philosophia, 5 (3): 213 – 217, 1975. Riprinted in [Mar84], pp. 47 – 51.

[NN01] Ernest Nagel, James R. Newman. Gödel's Proof. New York University Press, 2001.

[Par74] Charles Parsons. The Liar paradox. Journal of Philosophical Logic, 3: 381 – 412, 1974. Reprinted in [Par83].

[Par83] Charles Parsons. Mathematics in Philosophy. Cornell University Press, Ithaca, 1983.

[Pat07] Douglas Patterson. Understanding the Liar. In Jc Beall, editor, The Revenge of the Liar, pages 197 – 224. Oxford University Press, Oxford, 2007.

[Patng] Douglas Patterson. Inconsistency theories of semantic paradox. Philosophy and Phenomenological Research, forthcoming.

[Pri79] Graham Priest. Logic of paradox. Journal of Philosophical Logic, Volume 8, Number 1: 219 – 241, 1979.

[Pri84] Graham Priest. Logic of paradox revisited. Journal of Philosophical Logic, 13: 153 – 179, 1984.

[Pri87] Graham Priest. In Contradiction. Oxford University Press, Oxford, 1987.

[Pri97] Graham Priest. Yablo's paradox. Analysis, 57: 236 – 242, 1997.

[Pri06] Graham Priest. In Contradiction. Oxford University Press, Oxford, second edition, 2006.

[Pri08] Graham Priest. An Introduction to Non-Classical Logic. Cambridge University Press, Cambridge, second edition, 2008.

[Pri10] Graham Priest. Hopes Fade for Saving Truth. Philosophy, 85: 109 – 140, 2010.

[Ram25] F. P. Ramsey. The foundations of mathematics. Proceedings of the London Mathematical Society, 25 (2): 338 – 384, 1925.

[Rea06] Stephen Read. Symmetry and paradox. History and Philosophy of Logic, 27: 307–318, 2006.

[Rea10] Stephen Read. Book Review of "Saving Truth from Paradox". Mind, Vol. 119 (473): 215–219, 2010.

[Res08] Greg Restall. Modal models for Bradwardine's theory of truth. Review of Symbolic Logic, 1: 225–240, 2008.

[Res10] Greg Restall. Book Review of "Saving Truth from Paradox". Philosophical Studies, 147: 433–443, 2010.

[Rip10] David Ripley. Book Review of "Saving Truth from Paradox". Studia Logica, 94: 139–145, 2010.

[RTG08] S. Rahman, T. Tulenheimo, and E. Genot, editors. Unity, Truth and the Liar: The Modern Relevance of Medieval Solutions to the Liar Paradox. Springer Verlag, Berlin, 2008.

[Sch10] Kevin Scharp. Truth's Savior. The Philosophical Quarterly, 60, 238: 183–188, 2010.

[Sha04] Stewart Shapiro. Simple truth, contradiction, and consistency. In Graham Priest, Jc Beall, and Bradly Armour-Garb, editors, The Law of Non-Contradiction. Oxford niversity Press, 2004.

[Sha06] Lionel Shapiro. The rationale behind the revision theory. Philosophical Studies, 129: 477–515, 2006.

[She94] M. Sheard. A guide to truth predicates in the modern era. Journal of Symbolic Logic, 59 (3): 1032–1054, 1994.

[Sim93] Keith Simmons. Universality and the Liar: An Essay on Truth and the Diagonal Argument. Cambridge University Press, Cambridge, 1993.

[Soa99] Scott Soames. Understanding Truth. Oxford University Press, Oxford, 1999.

[Sor98] Roy Sorensen. Yablo's paradox and kindred infinite Liars. Mind, 107 (425): 137–155, 1998.

[Sor03] Roy Sorensen. A Brief History of Paradox. Oxford University Press, Oxford, 2003.

[Tar36] Alfred Tarski. The Concept of Truth in Formalized Languages. Studia Philosophica, 1: 261-405, 1936. Also in [Tar83], pp. 152-278.

[Tar44] Alfred Tarski. The Semantic Conception of Truth and the Foundations of Semantics. Philosophy and Phenomenological Research, 4: 341-375, 1944.

[Tar83] Alfred Tarski. Logic, Semantics, Meta-mathematics. Hackett, Indianapolis, second edition, 1983. Edited by J. Corcoran with translations by J. H. Woodger.

[Var99] Varzi Achille. An Essay in Universal Semantics. Volume 1 of Topoi Library. Kluwer Academic Publishers, Boston, 1999.

[vF68] Bas C. van Fraassen. Presupposition, implication, and self-reference. Journal of Philosophy, 65: 136-152, 1968.

[vF70] Bas C. van Fraassen. Truth and paradoxical consequence. In Robert L. Martin, editor, Paradox of the Liar, pages 13-23. Ridgeview, Atascadero, 1970.

[Vis84] Albert Visser. Four valued semantics and the Liar. Journal of Philosophical Logic, 13: 181-212, 1984.

[Vis04] Albert Visser. Semantics and the Liar paradox. In D. Gabbay and F. Guenthner, editors, handbook of Philosophical Logic, volume 11: 149-240, 2004.

[Wang09] Wang, Wen-fang. Book review: On Spandrels of Truth, Notre Dame Philosophical Reviews (electronic journal, ISBN: 1538-1617), 2009, Website: http: //ndpr. nd. edu/review. cfm? id =18007. 2009.

[Woo84] Peter W. Woodruff. Paradox, truth, and logic part 1: Paradox and truth. Journal of Philosophical Logic, 13: 213 – 232, 1984.

[Yab93a] Stephen Yablo. Hop, skip, and jump: The agnostic conception of truth. Philosophical Perspectives, 7: 371 – 396, 1993.

[Yab93b] Stephen Yablo. Paradox without self-reference. Analysis, 53: 251 – 252, 1993.

[Chen08] 陈波：《逻辑、规范性与合乎理性的可修正性——菲尔德在牛津大学做约翰·洛克讲演》，《哲学研究》2008 年第 6 期。

[Chen14] 陈波：《悖论研究》，北京大学出版社 2014 年版。

[Gob08] 罗·格勃尔（L. Goble）主编：《哲学逻辑》，张清宇、陈慕泽等译，中国人民大学出版社 2008 年版。

[Li10] 李慧华：《自指、悖论与哥德尔定理》，《贵州大学学报》（哲学社会科学版）2010 年第 2 期。

[Li, Wang11a] 李慧华、王文方：《试论语义悖论的弗完全理论》，《逻辑学研究》2011 年第 4 期。

[Li, Wang11b] 李慧华、王文方：《真理论悖论的弗完全方案》，《中国分析哲学（2010）》，浙江大学出版社 2011 年版。

[Rea98] 斯蒂芬·里德（S. Read）：《对逻辑的思考》，李小五译，辽宁教育出版社 1998 年版。

[Wang08] 王文方：《形上学》，台北：三民书局股份有限公司 2008 年版。

[Xiong 14] 熊明：《塔斯基定理与真理论悖论》，科学出版社 2014 年版。

[Zhang14] 张建军：《逻辑悖论研究引论》（修订本），南京大学出版社 2014 年版。